W0364464

Oldenbourg Interpretation
Band 52

Oldenbourg Interpretationen
Herausgegeben von
Klaus-Michael Bogdal und Clemens Kammler

begründet von
Rupert Hirschenauer (†) und Albrecht Weber

Band 52

Johann Wolfgang Goethe

Die Leiden des jungen Werther

Interpretation von
Edgar Hein

Oldenbourg

Die Seitenangaben in Klammern beziehen sich auf folgende Ausgabe:
Johann Wolfgang Goethe: Die Leiden des jungen Werther, durchgesehene Ausgabe, Stuttgart 1992 (Reclams Universalbibliothek Nr. 67)

Zitate sind halbfett gekennzeichnet.

CIP-Titelaufnahme der Deutschen Bibliothek
Hein, Edgar:
Johann Wolfgang Goethe, Die Leiden des jungen Werther:
Interpretation / von Edgar Hein. – 2., überarb. und korrigierte Aufl. in der neuen Rechtschreibung. – München: Oldenbourg, 1997
(Oldenbourg Interpretationen; Bd. 52)
ISBN 3-486-88651-7
NE: GT

Das Papier ist aus chlorfrei gebleichtem Zellstoff hergestellt, ist säurefrei und recyclingfähig.

Bei den Zitaten, Literaturangaben und Materialien im Anhang ist die neue Rechtschreibung noch nicht berücksichtigt.

2., überarbeitete und korrigierte Auflage 1997
Unveränderter Nachdruck 09 08 07 06 05
Die letzte Zahl bezeichnet das Jahr des Drucks.

Umschlagkonzept: Mendell & Oberer, München
Typografisches Gesamtkonzept: Gorbach GmbH, Buchendorf
Lektorat: Ruth Bornefeld, Simone Riedel, München
Herstellung: Karina Hack, München
Satz: jürgen ullrich typosatz, Nördlingen
Druck und Bindung: Appl Druck, Wemding

ISBN: 3-486-88651-7

Inhalt

Anhang

Zur Form des Titels

Die Leiden des jungen Werthers hieß Goethes Roman in seiner Erstausgabe 1774. Auch die Zweitfassung von 1787 mit ihren textlichen Änderungen und Umstellungen erschien noch unter diesem Titel. In der Jubiläumsausgabe von 1824 folgte Goethe dem unterdessen geänderten Sprachgebrauch und änderte in: *Die Leiden des jungen Werther.* Die Reclam-Ausgabe (UB 67) dagegen schloss sich diesem Brauch erst in ihrer revidierten Fassung von 1986 an, nach der in dieser Arbeit zitiert wird. (Deren Text folgt der Sophien-Ausgabe Bd. 19, Weimar 1899.)

1 Der biografische und werkgeschichtliche Hintergrund

1.1 Begegnungen und Begebenheiten in Wetzlar (Mai bis September 1772)

Johann Wolfgang Goethe von Frankfurt am Main lautet der Matrikeleintrag vom 25. Mai 1772 am Reichskammergericht zu Wetzlar.

Dem Ankömmling aus den großbürgerlich weiträumigen Verhältnissen der Freien Reichsstadt Frankfurt musste Wetzlar, **die kleine, übel gebaute Stadt**[1], bewohnt von 5000 bescheiden lebenden Ackerbürgern und 900 Juristen, mit ihren winkligen, talauf, talab laufenden dunklen Gassen und ihren Misthaufen vor den Türen in der Tat kleinstädtisch beengt erscheinen. Allerdings durfte auch sie sich schon seit 1180 **eine des Heiligen Reiches Freye Stadt** nennen und sie beherbergte seit 1689 eine altehrwürdige Institution in ihren Mauern: das Reichskammergericht. Diese höchste kaiserliche Rechtsinstanz entschied über Landfriedensbruch und Reichsacht sowie über Zivilklagen gegen Reichsunmittelbare. Ein schlecht besoldetes Richterkollegium war damit beschäftigt, einige tausend Prozessakten aufzuarbeiten, die zum Teil seit achtzig Jahren unerledigt lagen.

Vier Jahre vor GOETHES Ankunft hatte Josef II. eine **Visitation** angeordnet, d. h. eine Untersuchung zur Aufdeckung von Parteilichkeit, Verschleppung und Unterschleif. Deputationen von 24 Reichsständen waren am Ort um ihre Interessen zu wahren. Mit ihrem zahlreichen Gefolge von Sekretären, Assessoren und Bedienten verknappten sie den Wetzlarer Wohnungsmarkt. Auch GOETHE fand nur eine unstandesgemäße, beengte Unterkunft in der düsteren, schmutzigen Gewandsgasse.

Das Gerichtsgebäude machte nach zeitgenössischen Darstellungen einen finsteren, kasernenartigen Eindruck.[2] Es war kein Wunder, dass der 23-jährige Rechtspraktikant GOETHE, der es oft schon in seiner heimischen Anwaltspraxis nicht lange aushielt, von seinem Hospitationsrecht in diesem düsteren Haus nicht viel Gebrauch machte. Der hannoversche Legationssekretär JOHANN CHRISTIAN KESTNER jedenfalls machte die Bekanntschaft des jungen Dichters nicht im Gerichtssaal, er fand ihn vielmehr **im Grase unter einem Baum auf dem Rücken liegend, indem er sich mit einigen Umstehenden unterhielt und ihm recht wohl war.**[3]

Die **Umstehenden** waren Mitglieder der Visitationsgesandtschaften, junge Leute wie er, die sich aber mehr als Schöngeister und Poeten gebärdeten denn als Juristen. Friedrich Wilhelm Gotter vom Göttinger Hainbund war darunter, der Mitherausgeber von Boies Musenalmanach, und August von Goué, den KESTNER ironisch ein **großes Genie** nennt, ein etwas exzentrischer **epikureischer Philosoph**, der später ein Werther-Drama verfassen wird.

KESTNERS Erinnerung an das **genialische** Treiben des wohlhabenden und unabhängigen Frankfurter Bürgersohnes klingt etwas mokant:

Es kam im Frühjahr ein gewisser Goethe, seiner Handtirung nach Dr. Juris, um sich hier, das war seines Vaters Absicht, in Praxi umzusehen, der seinigen nach aber, den Homer, Pindar p. zu studieren, und was sein Genie, seine Denckungs-Art und sein Herz ihm weiter für Beschäftigungen eingeben würde [...] Er hasset die Juristerei [...] Er tut, was ihm einfällt [...] Aller Zwang ist ihm verhaßt [...] Aber bey Kindern, bey Frauenzimmern und vielen andern ist er doch wohl angeschrieben.[4]

GOETHE selbst entsinnt sich nach vierzig Jahren, dass er sich von seinem **Wetzlarischen Aufenthalt unmöglich viel Freude versprechen konnte,** und bekennt, dass ihn mehr die **Lust, seinen Zustand zu verändern als der Trieb nach Kenntnissen** erfüllt habe.[5]

Die Zustandsveränderung bestand vor allem darin, dass er sich nun seinem Wandertrieb, der ihn schon in Frankfurt daran gewöhnt hatte, **auf der Straße zu leben und wie ein Bote zwischen Gebirg und dem flachen Lande hin und her zu wandern**[6], ganz ungehemmt hingeben konnte, frei von den lästigen Verpflichtungen seiner Anwaltskanzlei. **Solche Wanderungen machten wieder mein größtes Glück.**[7]

Wenn er abends von seinen Ausflügen in rousseauscher Manier zurückkehrte, begegnete ihm mitunter ein melancholisch wirkender junger Mann, den es **hinaus in den Mondschein** zog[8], von **mittlerer Größe, wohl gebaut; ein mehr rundes als längliches Gesicht, weiche ruhige Züge und was sonst noch einem hübschen blonden Jüngling zukommen mag.**[9] Seine Kleidung: blauer Frack, ledergelbe Weste, Stiefel mit braunen Stulpen. GOETHE sagte sich, **er ist verliebt** und **lächelte darüber.**[10]

Der einsame Abendwanderer war ein einstiger Leipziger Kommilitone GOETHES, jetzt Mitglied der braunschweigischen Gerichtsgesandtschaft: Karl Wilhelm Jerusalem. Der Dichter war dem Modell seiner Dichtung begegnet.

Seinen Mittagstisch hielt GOETHE im Gasthof »Zum Kronprinzen«. Dort versammelten sich die jungen poetischen Schwärmer unter den Gesandtschaftsjuristen zur ›Rittertafel‹, einem mittelalterlich deutschtümelnden Jungmännerbund, der in einem ausgeklügelten Komment Formen, Sitte und Sprache altdeutscher Ritterbünde travestierte oder was man dafür hielt. In diesem Kreis musste ein Mann, von dem man wusste, dass er ein Ritterdrama verfasst hatte, hoch willkommen sein. Er erhielt seinen Ritterschlag und durfte den Bundesnamen ›Götz der Redliche‹ führen. Man hatte in diesem Kreis einen ›Kanzler‹ und einen ›Heermeister‹ und bezeichnete die gemeinsamen Ausflüge in eine nahe gelegene Mühle als ›Heerzüge‹.

JOHANN CHRISTIAN KESTNER dagegen, ein wegen seiner Tüchtigkeit geschätztes Mitglied der hannoverschen Gesandtschaft, acht Jahre älter als GOETHE, hatte für solche **Mummenspiele** keine Zeit, denn er **opferte die schönsten Augenblicke der Arbeit oft auf.**[11] Seit dem Beginn der josefinischen Visitation im Jahre 1768 gehörte dieser **Exalthiertheiten abgeneigte lebenstüchtige Mensch**[12] zum Gefolge des angesehenen bremischen Juristen Falcke. GOETHE hebt im Rückblick von *DICHTUNG UND WAHRHEIT* KESTNERS **ruhiges gleiches Betragen, Klarheit der Ansichten, Bestimmtheit im Handeln und Reden** hervor.[13]

Unter den jungen Leuten am Kammergericht nennt man ihn einfach **den Bräutigam**, denn er ist verlobt, seit über drei Jahren schon und in steter Treue, mit Charlotte Sophie Henriette, der zweiten Tochter des Amtmanns Heinrich Adam Buff.

Buff wohnte mit seiner großen Familie im ›Teutschen Haus‹, einem weitläufigen Hofgebäude mit Zehntscheune, von dem aus er die im Lahntal gelegenen Güter des Deutschritterordens verwaltete. Seine Frau war 1771 gestorben und hatte ihm eine Schar von elf Kindern hinterlassen, das jüngste 5, das älteste, Karoline, 20 Jahre alt. Karoline war nicht geschickt zur Führung des Haushalts; so fiel diese Aufgabe der achtzehnjährigen Lotte zu.

Nach der Schilderung KESTNERS war Charlotte Buff, **obwohl keine ganz regelmäßige Schönheit [...] doch das bezauberndste Mädchen, das ganze Scharen von Anbetern haben könnte.**[14] Mit einem fröhlichen Temperament vereinte sie alle Talente einer tüchtigen Haus- und Kindermutter. **Sie ist die Stütze der Familie, die Liebe, die Achtung derer, die dazu gehören, und das Augenmerk derer, welche dahin kommen.**[15] In GOETHES späterer Erinnerung ist sie **eine leicht aufgebaute, nett gebildete Gestalt, eine reine gesunde Natur, und die daraus entspringende frohe Lebenstätigkeit.**[16]

Die Geheimrätin Lange, eine Wetzlarer Großtante GOETHES, führt ihn in die Familie Buff ein. Am 9. Juni 1772 ist der Dichter des *WERTHER* Lottes Begleiter auf einem ländlichen Ball im Jagdhaus von Volpertshausen (im Roman: Brief vom 16. Juni 1771). Nach einer Tagebuchnotiz KESTNERS ist auch der junge Jerusalem unter den Tanzgästen.

An diesem Abend beginnt die dritte jener verzehrenden vergeblichen

Liebesleidenschaften des jungen GOETHE. Wie die Beziehung zu Käthchen Schönkopf und zu Friederike Brion wird auch diese mit einer fluchtartigen Abreise enden, GOETHES **dritter Flucht** (Emil Ludwig), jener überstürzten und abschiedslosen Abreise aus Wetzlar am 11. September 1772.

Die Tatsache, dass GOETHE die Existenz seines *WERTHER* in mancher Beziehung vorausgelebt hat, veranlasste die positivistische GOETHE-Philologie des 19. Jahrhunderts zu einer irrigen Gleichsetzung von Dichtung und Wirklichkeit. Bielschowsky z. B. lässt in seiner GOETHE-Biografie (1895) Lebensdaten des Dichters und Wertherzitate fast ununterscheidbar ineinander laufen, ja er gibt ihm den Doppelnamen *WERTHER-GOETHE*.[17]

Nun hat GOETHE ja in der Tat die Welt Werthers sehr modellähnlich nach dem Leben gezeichnet; er erweckt sogar an manchen Stellen für Eingeweihte spielerisch den Anschein der Authentizität, wenn er z. B. den Brief Jerusalems an KESTNER mit der Bitte um die Pistolen fast wortgleich in den Roman übernimmt.[18]

Dabei haben nicht nur Personen und Ereignisse des Romans ihr Modell in der Wirklichkeit, sondern auch die Orte des Geschehens. Das Dorf Garbenheim, GOETHES Wetzlarer Wanderziel, wo er, ganz wie Werther, seine Milch zu trinken und mit den Kindern der Wirtsfrau zu spielen pflegte, ist im Roman als Werthers Wahlheim leicht wieder zu erkennen. Alles das gab es tatsächlich: den ländlichen Ball, Lottes große Geschwisterzahl, ihr liebevolles hausmütterliches Wesen, einen Bräutigam, der ein Inbild von praktischer Vernunft und moralischer Lauterkeit war, und schließlich das innige Gespräch der drei Seelenfreunde über die Unsterblichkeit, das nach KESTNERS Tagebuch am Vorabend von GOETHES Abreise aus Wetzlar stattgefunden hat, so wie es im Roman vor Werthers Aufbruch an den Hof gesetzt ist: auf den 10. September.

Der Gipfelpunkt spielerischer Ineinssetzung von Wahrheit und Dichtung ist schließlich das Geburtstagspäckchen an Werther vom 28. August, GOETHES Geburtstag. KESTNER hat GOETHE tatsächlich an demselben Tage die kleine Wetsteinische Homer-Ausgabe geschenkt wie Albert dem Werther (63).

Trotz all dieser Tatsächlichkeiten aber sind das Kunstwerk und die Wirklichkeit zwei verschiedene Welten. KESTNER konnte das nur schwer begreifen. **Ihr wolltet nach der Natur zeichnen, um Wahrheit in das Gemälde zu bringen, und doch habt Ihr so viel Widersprechendes zusammengesetzt.**[19] GOETHE führt dagegen die **poetische Einheit** ins Feld, an der er so **lange gesonnen.** [20] Die immer wiederholte neugierige Frage der Zeitgenossen, **was an der Geschichte wahr** sei, verursachte ihm **unleidliche Qual.**[21] Ein Herr von Breitenbach hat 1775 sogar 16 Seiten einer *Berichtigung der Geschichte des jungen Werthers* herausgebracht.

In *Dichtung und Wahrheit* (III, 14, H.A.X., S. 28) erzählt Goethe, wie er auf seiner Rheinreise mit Lavater immer wieder **die Wahrhaftigkeit der Leiden Werthers und den Wohnort Lottens bezeugen** sollte, **welchem Ansinnen ich mich nicht auf die artigste Weise entzog, dagegen die Kinder um mich versammelte, um ihnen recht seltsame Märchen zu erzählen, [...] wobei ich den großen Vorteil hatte, daß kein Glied meines Hörkreises mich etwa zudringlich gefragt hätte, was wohl daran für Wahrheit oder Dichtung zu halten sein möchte.**

Wir tun gut daran, wenn wir auch den *Werther* trotz all seiner biografischen Bezüge zum Autor für ein **recht seltsames Märchen** halten.

1.2 Der Selbstmord Karl Wilhelm Jerusalems in Kestners Bericht und in Goethes dichterischer Darstellung

Am 30. Oktober 1772 gab es für den Wetzlarer Stadtklatsch eine Sensation: In der Nacht hatte sich ein junger Mann, Assessor der herzoglich braunschweigischen Visitations-Gesandtschaft, Sohn eines berühmten Wolfenbütteler Theologen, eine Kugel in den Kopf geschossen, aus Verzweiflung über seine unerwiderte Liebe zur Gattin seines Freundes und Kollegen, des pfälzischen Gesandtschaftssekretärs Herd, wie man erzählte.

Die Person Jerusalems zeigt noch weitere Parallelen zur Wertherfigur[22]: Er litt unter dem Standesdünkel der adligen Gesandten am Kammergericht, war gekränkt darüber, dass ihm der Zutritt zu den Gesellschaften eines Grafen Brassenheim verwehrt wurde, und er hatte Schwierigkeiten mit seinen Vorgesetzten wegen seines eigenwilligen Arbeitsstils. Er neigte zur Melancholie und zur Vereinsamung, er **entzog sich allezeit der menschlichen Gesellschaft, [...] ging oft viele Meilen weit und hing da seinem Verdruß und seiner Liebe ohne Hoffnung nach.**[23] Vielseitig begabt, philosophisch und literarisch interessiert, auch selbst schriftstellerisch tätig, gewann er die Hochschätzung Lessings, der posthum seine philosophischen Aufsätze herausgab,[24] und zwar nicht nur wegen seiner Freundschaft zum Vater, dem Wolfenbütteler Hofprediger und Aufklärungstheologen F. W. Jerusalem. **Ich wüßte nicht, daß ich einen Menschen in Jahr und Tag lieber gewonnen hätte als ihn,** schreibt Lessing über den jungen Jerusalem.[25]

Goethes menschliche Teilnahme an dem Ereignis wird überlagert von seinem literarischen Interesse. Er erbittet von Kestner sofort einen

Bericht vom Verlauf der Sache und bedankt sich kurz darauf für die umfangreiche Darstellung: **Sie hat uns herzlich interessiert.**[26] Die traurige Nachricht hatte ihn aus einer Stimmung dämonisch-zerstörerischer Selbstqual befreit, aus einem Gefühl des Lebensekels,[27] und – sie gab ihm blitzartig die Idee seines Werther ein.

> **In diesem Augenblick war der Plan zu *Werthern* gefunden, das Ganze schoß von allen Seiten zusammen und ward eine solide Masse, wie das Wasser im Gefäß, das eben auf dem Punkte des Gefrierens steht, durch die geringste Erschütterung sogleich in festes Eis verwandelt wird.**[28]

Goethe liebt das Bild der Kristallisation um die Entstehung von Form und Gestalt aus dem Amorphen zu bezeichnen. Das gilt auch für dichterische Form. **Schöpft des Dichters reine Hand, Wasser wird sich ballen.**[29] Der Plan zur Dichtung wird nicht ersonnen, sondern **gefunden**, ein seelischer Anstoß genügt und der Kristall schießt zusammen, **ein realisiertes Kaleidoskop.**[30]

Trotz dieser visionären Erhellung lässt er den Werther-Plan noch über ein Jahr unbearbeitet liegen, bis er sich im Februar 1774 zur raschen Niederschrift entschließt. Offenbar wollte er das Erlebnis noch weiter von sich wegrücken lassen, damit die Dichtung ungetrübt zu ihrer Form reifen konnte. Er hat selbst darauf hingewiesen, dass er lange **an dem Werkchen gesonnen** habe um ihm seine **poetische Einheit** zu geben.[31] **Die Besonnenheit des Dichters,** sagt er an anderer Stelle, **bezieht sich eigentlich auf die Form, den Stoff gibt ihm die Welt allzu freigebig.**[32]

Eine Synopse von *Werther*, S. 150 f. (Reclam), mit den entsprechenden Passagen aus Kestners Bericht (bei A. Kestner, S. 98 f.) kann uns Goethes Begriff von *Stoff* und *Form* verdeutlichen (s. Materialien 1/2, S. 119 f.).

Den Satz **Kein Geistlicher hat ihn begleitet** übernahm Goethe wörtlich von *Kestner*. Er gefiel ihm wegen seiner lapidaren Gestalt. Die Kälte und Verständnislosigkeit der Welt konnte nicht kürzer, nicht eindringlicher ausgesagt werden. Er übernahm auch weitgehend den Erzählinhalt des Berichts, sogar bis in die krassen physiologischen Details vom **herausgetriebenen Gehirn** und den **konvulsivisch um den Stuhl herumgewälzten Körper.** Doch ergreift uns der Vorgang in der Darstellung des Dichters tiefer als in der peniblen, protokollarisch gewissenhaft aufzeichnenden Art des versierten Juristen Kestner. Hier sind die Details mit versachlichender Distanz **aktenkundig** gemacht, Vermutungen werden mit Vorbehalt formuliert: **Es scheint [...] geschehen zu sein, [...] er muß sich [...] gewälzt haben, [...] er scheint [...] gelegen zu haben.** In seinem Bemühen um Exaktheit registriert Kestner auch Geringfügiges: Das Manuskript auf dem Pult ist **ohngefähr fingerdick im**

Quart. Er bedauert seine Konsterniertheit, die ihn an der Feststellung von noch weiteren Details gehindert habe.

GOETHES Bearbeitung scheint den sachlich-distanzierten Sprachstil der Vorlage zunächst noch zu überbieten. In schneller parataktischer Folge reihen sich kurze Aussagesätze in gedrängter Formulierung mit eindringlichen anaphorischen Wiederholungen: **Er ruft, er faßt ihn an, er läuft nach den Ärzten. – Sie weckt ihren Mann, sie stehen auf [...].**

Dieser Stil bloßer Faktenreihung hat dramatische Spannung, die sich im Sprachfluss ausdrückt; er hat etwas Drängendes, Gehetztes, Trikolon und Klimax steigern die Erregtheit: **Das Haus, die Nachbarschaft, die Stadt kam in Aufruhr.**

Die Benachrichtigung Lottes ist eine dramatische Kurzszene, in knappe Aussagen gedrängt, wobei Anfangs- und Schlusssatz mit ihrer syntaktischen Parallelität einen Rahmen bilden: **Lotte hört die Schelle ziehen. [...], Lotte sinkt ohnmächtig vor Alberten nieder.** Durch sechs Absätze ziehen sich diese Kurzaussagen in einem sachlich konstatierenden Berichtstil. Alles ist auf Fakten reduziert, die Gefühlsaskese ist beabsichtigt, weil die Sprache den Schmerz nicht mehr aussagen kann.

Erst im letzten Absatz, mit dem Auftritt des Amtmanns und seiner Söhne, schwillt der werthersche Gefühlston wieder an.

Der harte Kontrast dieses Schlussberichtes zum Verzweiflungssturm im unmittelbar vorangehenden Abschiedsbrief Werthers zeugt von GOETHES bewusstem Gestaltungswillen. **Bei allen Geschichten ist die Form der Behandlung die Hauptsache.**[33]

1.3 Charlotte Buff und Maximiliane La Roche – Zwei Modelle zum Bild der Lotte

Offenbar bedurfte es noch einer weiteren Erschütterung zur endgültigen Kristallisation des Werther-Plans. Das Datum 1. Februar 1774, an dem GOETHE mit der Niederschrift des Romans begann, ist jedenfalls aufschlussreich. Vierzehn Tage zuvor war der Kaufmann Peter Anton Brentano mit seiner jungen Frau Maximiliane, geborene La Roche, nach Frankfurt übergesiedelt. GOETHE hatte ganz unbefangen versucht, wie im Hause Buff in Wetzlar auch im Hause Brentano seinen **Engel** zu besuchen. Anton Brentano aber, im Gegensatz zu KESTNER ein sehr eifersüchtiger Ehemann, noch völlig unvertraut mit den Umgangsformen einer empfindsamen Herzenskultur, hat dem jungen Rechtsanwalt Dr. GOETHE nach einer heftigen Szene kurzerhand sein Haus verboten.

GOETHE hat noch 35 Jahre später ein Bild von Maximiliane gezeichnet, in dem schwärmerische Verehrung durchklingt: **Eher klein als groß von Gestalt, niedlich gebaut, eine freie anmutige Bildung, die**

schwärzesten Augen und eine Gesichtsfarbe, die nicht reiner und blühender gedacht werden kann.[34]

Die Beziehung hatte unmittelbar nach dem Wetzlarer Sommer begonnen. GOETHE war nach seinem überraschenden Aufbruch aus der Stadt durch das Lahntal nach Ehrenbreitstein gewandert. Dort kehrte er bei Sophie La Roche ein, der berühmten Verfasserin des Romans *DAS FRÄULEIN VON STERNHEIM*. In deren ältester Tochter, die ihn **gar bald besonders anzog,** fand er **eine neue Leidenschaft, ehe die alte noch ganz verklungen [...] So sieht man bei untergehender Sonne gern auf der entgegengesetzten Seite den Mond aufgehn und erfreut sich an dem Doppelglanz der beiden Himmelslichter.**[35] Dabei scheint das Gestirn Maximiliane einen fast noch innigeren Glanz ausgestrahlt zu haben als Lotte. Deren Schilderung in *DICHTUNG UND WAHRHEIT* fällt eigentlich enttäuschend prosaisch aus: **Ein jeder gestand, [...] daß sie ein wünschenswertes Frauenzimmer sei. Sie gehörte zu denen, die, wenn sie nicht heftige Leidenschaften einflößen, doch ein allgemeines Gefallen zu erregen geschaffen sind.**[36] [...] **Wenn ich nur ihre schwarzen Augen sehe!**, lässt er seinen Werther für Lotte schwärmen (98). Charlotte Buff aber war blauäugig.

Noch lange nach seiner Rückkehr aus Wetzlar trieb GOETHE mit der Erinnerung an Lotte einen regelrechten Kult. Es gehörte zum empfindsamen Freundschaftswesen der Zeit, dass man seine Silhouettenbilder untereinander tauschte.

> **Ich schicke da meinen Schatten dir,**
> **Magst wohl die lange Nase sehn,**
> **Der Stirne Drang, der Lippe flehn,**
> **S'ist ohngefähr das garstge Gesicht –**
> **Aber meine Liebe siehst Du nicht,**[37]

schreibt GOETHE noch am 31. August 1774 an Lotte. Und noch der Weimarer GOETHE bittet um immer neue Schattenrisse von seiner Jugendliebe: **Dank Euch für alles, für die Silhouetten!**, schreibt er Ende 1775, um dann am 5. Januar 1776 erneut zu betteln: **Grüßen Sie Lotten. O bitte noch um ein Schattenbild von ihr!**[38] Im September 1772 (an KESTNER) klang es noch verzweifelt. **Da hängt die Silhouette, das ist schlimmer als alles,** und im Dezember (**nachts**): **Ich wollte zur Thür hinaustappen und tappte einen Schritt zu weit rechts, tappte Papier – es war Lottens Silhouette, es war doch eine angenehme Empfindung.**[39] Sein Lottekult nahm regelrecht Züge der Heiligen- und Reliquienverehrung an. Am 26. August 1774 besuchte Lotte Buffs alte Kinderfrau den Herrn Dr. GOETHE in Frankfurt. Darüber berichtet er an Lotte:

Du kannst Dir denken, wie wert mir die Frau war. Wenn Beine der Heiligen und leblose Lappen, die der Heiligen Leib berührten, Anbetung und Bewahrung und Sorge verdienen, warum nicht das Menschengeschöpf, das Dich berührte [...] Lotte und Lotte und Lotte, und ohne Lotte nichts und Mangel und Trauer und der Tod![40]

Es ist schwer auszumachen, was hieran noch wirkliche Leidenschaft und was schon ›Literatur‹ ist. Vielleicht lebte GOETHE im Sommer 1774 innerlich noch ganz in der Welt seines eben fertig gestellten Romans. Manches persönliche Bekenntnis aus der Zeit nach Wetzlar klingt jedenfalls etwas forciert, wenn er sich z. B. beklagt: **Lotte hat nicht von mir geträumt!**[41] Und was soll man davon halten, wenn er am selben Tag, am 16. Juni 1774, zwei Briefe schreibt, einen an Lotte: **Ich ging in meiner Stube auf und ab und redete mit Deinem Schatten**[42], und einen an Sophie La Roche: **Glauben Sie mir, daß das Opfer, das ich Ihrer Max mache, sie nicht mehr zu sehn, werter ist als die Assiduität des feurigsten Liebhabers [...] Ich will gar nicht anrechnen, was es mich gekostet hat.**[43]

Diese Doppelschwärmerei für zwei Frauen, die ihm beide gleich unerreichbar waren, klingt nach gewollter Gefühlsinszenierung. Dabei ist die größere Verhaltenheit der Äußerungen über Maximiliane vielleicht sogar das Zeichen einer echteren, nämlich unliterarischen Leidenschaft, die in der späteren Beziehung zu Maximilianes Tochter Bettina noch einmal wieder aufzuklingen scheint.

So bewahrte sich GOETHE seine Wertherstimmung noch eine Weile nach dem Abschluss der Arbeit am Roman. Im Grunde aber hatte sie ihre kathartische Wirkung schon getan, indem sie **Wirklichkeit in Poesie verwandelt** und den Dichter **aus einem stürmischen Element gerettet** hatte, auf dem er **durch eigene und fremde Schuld auf die gewaltsamste Art hin und wider getrieben wurde.**[44]

1.4 Der »Werther« im thematischen Spannungsfeld von Goethes Frühwerk

1.4.1 Die Leipziger Behrisch-Briefe

Der Wertherton hat seine Wurzeln schon in den letzten Leipziger Studienjahren GOETHES (1767/1768), einer Zeit also, in der GOETHES Lyrik noch ganz dem anakreontischen Zeitgeschmack folgte.[44a] Die Beziehung zur jungen Wirtstochter Annette Schönkopf entzündete in ihm die erste jener selbstquälerischen Liebesleidenschaften, die sich dann in Straßburg und Wetzlar tiefer und ernster wiederholen sollten. Der Reflex dieser Beziehung findet sich nicht so sehr in der tändelnden bukolischen Poesie der Annette-Lieder, sondern unmittelbarer in einer Reihe von Briefen an den Mentor und Jugendfreund Ernst Behrisch. Sie wirken in ihrer explosiven, formsprengenden Leidenschaftlichkeit und mit ihren **Ha! Gott, Gott!**-Interjektionen wie frühe Einübungen in den Wertherstil.

Ha Behrisch, das ist einer von den Augenblicken! Du bist weg, und das Papier ist wie eine kalte Zuflucht gegen Deine Arme […] O sähst Du mich, sähst Du den Elenden, wie er raßt, der nicht weiß gegen wen er raßen soll, Du würdest jammern. Freund, Freund! Warum hab ich nur einen? (Okt. 1767)[45]

Conrady fragt allerdings, ob hier nicht auch **Kunst des Arrangements** vorherrscht.[46] Dafür spricht der Schluss eines anderen Behrisch-Briefes, wo der Verfasser mit einer gewissen koketten Selbstgefälligkeit konstatiert:

Mein Brief hat eine hübsche Anlage zu einem Werkgen, ich habe ihn wieder durchgelesen, und erschrecke vor mir selbst.[47] Dies, nachdem er gerade seine nächtlichen Eifersuchtsexzesse im Stil höchster Leidenschaftlichkeit geschildert hatte. Auch bei den **naturhaftesten** Hervorbringungen GOETHES muss die Frage nach der literarischen Bewusstheit erlaubt sein.

Zweifellos aber bricht in den Behrisch-Briefen zum ersten Male die dichterische Originalität GOETHES durch. Diese Sprache sprengt die stilistischen Normen ihrer Zeit. Christian Fürchtegott Gellert hatte 1751 in seine *ABHANDLUNG VON DEM GUTEN GESCHMACKE IN BRIEFEN* eine Sammlung von wohltemperierten Musterbriefen im späten Aufklärungsstil eingerückt. Darin findet sich folgendes Beispiel eines **artigen** Liebesbriefes:

Ein Frauenzimmer an ihren Liebhaber: […] und noch einmal endlich, fangen Sie meine Briefe nicht mehr durch: Mein liebes Christianchen, an, oder, wenn Sie dieses Wort ja nicht lassen können: So setzen Sie wenigstens: Hochedelgebohrnes, Hochzuehrendes Christianchen! Unter diesen Bedingungen sollen mir Ihre Briefe allzeit lieb seyn.[48]

Bekanntlich hatte GOETHE in Leipzig Gellerts literarisches Praktikum belegt. Seine Arbeiten wurden vom Professor gnadenlos **mit roter Tinte korrigiert.**[49] Dabei wird er ihm sicher Folgendes gar nicht erst als Stilprobe vorgelegt haben:

Noch so eine Nacht wie diese, Behrisch, und ich komme für alle meine Sünden nicht in die Hölle. Erst konnte ich nicht schlafen, wälzte mich im Bette, sprang auf, raßte […] In einem Fieberparoxismus, da mir der Kopf taumelicht war, riß ich mein Bett durcheinander, verzehrte ein Stückgen Schnupftuch und schlief biß 8 auf den Trümmern meines Bettpalastes. (13. Okt. 1767)[50]

Gewiss, da ist viel jugendlich exzentrische Selbstdarstellung im Spiel, aber auch Selbstbefreiung.

> **Ich schreibe warlich im Fieber, warlich im Paroxismus. Doch laß mich schreiben. Besser ich lasse hier meine Wut aus, als daß ich mit dem Kopf wider die Wand renne. [...] Welcher Elende hat sich je satt geklagt.**[51]

Dieser **Mut zur Selbstaussage**[52] begründet eine neue Briefkultur. Behrisch hat, wie später Auguste Stolberg, die Funktion eines Beichtvaters, vor dem man sein Innerstes offen legen kann. Für eine solche persönlich bekenntnishafte Selbstdarstellung fand sich in der Rokokoliteratur kein Muster, sie verstieß gegen alle Regeln eines schreibgewandten Weltmannes, wie er im *WERTHER* in der Gestalt des Gesandten auftaucht, über den Werther sich beklagt: **Wenn man seine Perioden nicht nach der hergebrachten Melodie heraborgelt, so versteht er gar nichts drin** (73).

Das Neue, was nun in der Poesie ausgedrückt werden sollte, war nicht **Verstand, Witz und Anmut der Sprache**, sondern Kraft, Empfindung und Leidenschaft einer originalen Persönlichkeit.

1.4.2 Die Sesenheimer Lyrik

In Leipzig klang der Ton der wertherschen Gefühlsleidenschaft zuerst an, in Straßburg das Erlebnis der Landschaft im Wertherton.

> **[...] Wir kamen eben aufs Lothringische Gebürg, da die Saar im lieblichen Thale unten vorbey fließt. Wie ich so rechter Hand über die grüne Tiefe hinaussah und der Fluss in der Dämmerung so traulich und still floss, und lincker Hand die schwere Finsterniss des Buchenwaldes vom Berg über mich herabhing, wie um die dunckeln Felsen durchs Gebüsch die leuchtenden Vögelgen still und geheimnisvoll zogen; da wards in meinem Herzen so still [...] (an Katharina Fabricius, 27. Juni 1770)**[53]

Hier hört man wörtliche Anklänge an die Wertherbriefe vom 10. Mai und 18. August: [...] **die schwere Finsternis des Buchenwaldes** [...]. Werther: [...] **der undurchdringlichen Finsternis meines Waldes** [...] (7). **Wie ich** [...] **über die grüne Tiefe hinaussah und der Fluss in der Dämmerung** [...]. Werther: [...] **die Flüsse strömten unter mir, und Wald und Gebirg erklang** [...] (60). [...] **da wards in meinem Herzen so still** [...]. Werther: [...] **wie faßte ich das alles in mein warmes Herz** (60).

Auch die typische Syntax der Wertherbriefe vom 10. Mai und 18. August klingt bereits an, jene Auftürmung von Gliedsätzen (**wie** [...] **wie – wenn** [...] **wenn**), die eine Spannung schaffen bis zur Erlösung durch eine Gefühlsaussage.

Schon im ersten Straßburger Sommer also entstand jene **wundersame Verwandtschaft mit den einzelnen Gegenständen der Natur**, jenes **innige Mitstimmen ins Ganze**, kurz: **das wunderliche Element, in welchem Werther ersonnen und geschrieben ist.**[54]

Zu diesem **Element** gehören auch die Sesenheimer Gedichte. Die hymnische Frühlingsfeier in »Maifest« (1771) erklingt auch in den ersten Maibriefen des *WERTHER*:

Es dringen Blüten Aus jedem Zweig Und tausend Stimmen aus dem Gesträuch.	**Jeder Baum, jede Hecke ist ein Strauß von Blüten [...]** (*WERTHER*, S. 6)

Aber auch die Gegenstimmung zum enthusiastischen Frühlingsrausch, die werthersche Melancholie und ihr Reflex in Nacht-, Nebel- und Mondscheinszenerien ist in Straßburg vorgeprägt; dort ist die in den Werther eingefügte Ossian-Übersetzung entstanden.

Etwas von dieser Ossian-Stimmung findet sich in »Willkommen und Abschied«, obwohl sich das Ich des Straßburger Gedichtes als ein kräftiger Widerpart der andrängenden dunklen Naturstimmung erweist. Auch hier gibt es Entsprechungen zum *WERTHER:*

Der Mond von einem Wolkenhügel Sah schläfrig aus dem Duft hervor, Die Winde schwangen leise Flügel, Umsausten schauerlich mein Ohr [...].	**zu wandern über die Heide, umsaust vom Sturmwinde, der in dampfenden Nebeln die Geister der Väter im dämmernden Lichte des Mondes hinführt [...].** **(*WERTHER*, S. 98)**

Werther erliegt der depressiven Verlockung einer dunklen Naturstimmung; der Straßburger GOETHE widersteht ihr, aber es klingt doch schon jene **andere, dem Menschen bedrohliche Natur** an.[55]

1.4.3 Die Polarität von »Ganymed« und »Prometheus«

Die beiden Hymnen entstanden im Jahr der Niederschrift des *WERTHER*[56], bezeichnenderweise der »Ganymed« im Frühling. Die werthersche Entgrenzungssehnsucht hat sich in ihm zum Mythos verdichtet. Dabei sucht man darin vergeblich die überlieferte Erzählung: Zeus als Adler, wie er den schreienden kleinen Hirtenknaben in seinen Fängen hält. Das Geschehen ist ganz in das Innere eines Ich hineingenommen, ist ganz in Empfindung aufgelöst. Das Ich des Gedichtes fühlt sich in einem rauschhaften Entrückungserlebnis, in der **Liebeswonne** des Frühlings, **aufwärts** gezogen, **umfangend umfangen**. Der **alliebende Vater,** der sich seiner **sehnenden Liebe** in Wolkengestalt entgegenneigt, erscheint ganz wie der **Allmächtige** im Wertherbrief vom 10. Mai:

Und deine Blumen, dein Gras Drängen sich an mein Herz [...] Alliebender Vater!	**Wenn ich das Wimmeln der kleinen Welt zwi- schen Halmen näher an meinem Herzen fühle und fühle die Gegenwart des Allmächtigen.**

(*Werther*, S. 7)

Der Name **Ganymed** dient als Symbolfigur für ein Gefühlserlebnis, das den Menschen über sich hinaustreibt, **einen Tropfen der Seligkeit des Wesens zu fühlen, das alles in sich und durch sich hervorbringt** (*Werther*, S. 61), ein panreligiöses Erlebnis, für das Goethe an anderer Stelle den Begriff **Entselbstigung** geprägt hat.[57]

»Prometheus« dagegen verbildlicht die Gegenkraft der **Verselbstung.** Er ist geradezu eine Zurücknahme der ganymedisch-wertherischen Liebeserklärung an den **Allmächtigen**, den **alliebenden Vater:**

Da ich ein Kind war,
Nicht wußt', wo aus, wo ein,
Kehrte mein verirrtes Aug'
Zur Sonne, als wenn drüber wär'
Ein Ohr, zu hören meine Klage,
Ein Herz wie meins,
Sich des Bedrängten zu erbarmen.

Das **Ganymedische** ist abgetan, ist die Haltung eines Kindes, das sich der Willkür der olympischen Götter vertrauensselig ausliefert. Der schöpferische Geist – seit Shaftesbury ist Prometheus das Symbol des Dichters, **a second maker** – setzt sich nicht nur in eins mit der Schöpfung Gottes, er ist selbst Schöpfer.

Dem pantheistischen Zerfließen ins Grenzenlose stellt Goethe die Selbstbehauptung in einem tätigen, dem Diesseits kräftig zugewandten Dasein entgegen, das demiurgische Prinzip von Form und Gestalt. Dass dies aber nicht das letzte Wort sein sollte, dass er den polaren Gegensatz der liebenden Zuneigung zu einer jenseitigen Liebesgewalt in sich bewahrte, zeigt seine Anordnung der beiden Gedichte in der Werkausgabe von 1789: »Ganymed« folgte auf »Prometheus«.

Im Sommer 1774 jedoch scheint er in »Prometheus« eine **Alternative zum Werther** gefunden zu haben. »Prometheus« ist vor allem das Symbol für das Meistern einer lebensbedrohenden Gefahr, der melancholischen Verlockung der wertherschen Empfindsamkeit.[58]

1.4.4 »Hans Wursts Hochzeit« als Anti-Werther

Unter den Knittelversdramen Goethes in *Hans Sachsens Manier* findet sich das Fragment *Hans Wursts Hochzeit oder der Lauf der Welt – Ein mikrokosmisches Drama* (wahrscheinlich Januar 1775). Es handelt sich um einen kurzen Dialog zwischen zwei Possenfiguren, Kilian Brustfleck und Hans Wurst, der legendären deutschen Harlekinsfigur, die Gottsched im Verein mit der Caroline Neuber in einer eigenen Narrenposse von der deutschen Bühne vertrieben hat.

Wir finden darin ein Produkt des derben, volkstümelnden jungen Goethe, der die Frankfurter Gassensprache belauschte, sich eine Liste von zotigen Ausdrücken anlegte und dabei an einem Fund wie **Nonnenfürzchen** sein Vergnügen fand.

Das kleine Szenenfragment ist ein Plädoyer für die elementaren Bedürfnisse des Menschen. Brustfleck, offenbar ein Theaterprinzipal, beklagt im Eingangsmonolog, dass seine Bemühungen, Hans Wurst zu einem moralischen Menschen zu erziehen, vergeblich waren, weil **Wurstel immer Wurstel bleibt, / Indes er sich am Hintern reibt. / [...] Seine Lust, in den Weg zu scheißen / Hab' ich nicht können aus der Wurzel reißen.**[59]

Der einzige Weg, Wurstels unanständige Natur zu bändigen, scheint seine Verheiratung mit der schönen Ursel zu sein. Dagegen hat Wurstel auch gar nichts einzuwenden, es stört ihn nur, dass so viele Gäste zu seiner Hochzeit eingeladen werden sollen.

Mich däucht, das schönste bei einem Fest
Ist, wenn man sich's wohl sein läßt.
Und ich hab' keinen Appetit
Als ich nähm Ursel auf'n Boden mit,
Und auf'm Heu und auf'm Stroh
Jauchzten wir in dulci jubilo.[60]

Dazu gibt es einen derben Zusatz, von Goethe aus Schicklichkeitsgründen eliminiert:

Mir ist das liebe Wertherische Blut
Immer zu einem Propirhengst gut.
Den laß ich meinem Weib spazieren,
Vor ihren Augen abbranlieren,[61]
Und hinten drein komm ich bei Nacht
Und vögle sie daß alles kracht.[62]

Es liegt nahe, dass Goethe sich in solchen derben Späßen von seiner Wertherkrankheit kurierte. In gleicher Weise wird er sich später am Weimarer Hof mit der Farce *Triumph der Empfindsamkeit* selbst persiflieren. Hans Wurst als Musterfigur grobsinnlicher Erotik diente ihm offenbar als Gegengift gegen den **pathologischen Zustand**, in dem er sich nach seiner Erinnerung in der Wertherzeit befunden hat und den er **wieder durchzuempfinden** fürchtete.[63]

Ein ähnlicher stilistischer Gegensatz zwischen zarter Empfindsamkeit und derber Lebensbehauptung könnte aus einem Vergleich des *Werther* mit dem *Götz* hervorgehen. In solchen polaren stilistischen Spannungen der Frankfurter Genieepoche zeigt sich ja die **unvergleichliche Weite von Goethes Schöpferkraft** (Emil Staiger). Der elegische Ton der **Wandrer-Idylle**, der Gefühls- und Seelenkult des Darmstädter Freundeskreises, der bekenntnishaft leidenschaftliche Briefwechsel mit der unbekannten Geliebten Auguste von Stolberg wechseln mit den kraftgenialischen Ausbrüchen der großen Hymnen. Dieses ganze dichterische Umfeld in Beziehung zum *Werther* zu setzen würde aber den Rahmen dieser Arbeit sprengen.

2 Das geistesgeschichtliche Umfeld

2.1 Die Gottesverehrung in der Natur (Klopstock – Barthold Heinrich Brockes – Albrecht von Haller)

Wir traten ans Fenster. Es donnerte seitabwärts, und der herrliche Regen säuselte auf das Land, und der erquickende Wohlgeruch stieg in aller Fülle einer warmen Luft zu uns auf [...] Ich sah ihr Auge tränenvoll, sie legte ihre Hand auf die meinige und sagte – Klopstock! (*Werther*, S. 30)

Ach, schon rauscht, schon rauscht
Himmel und Erde vom gnädigen Regen!
Nun ist, wie dürstete sie! die Erd erquickt,
Und der Himmel der Segensfülle entlastet!
(aus: Klopstock, *Frühlingsfeier*)

Das war etwas Neues: Dichtung wurde zum Erkennungszeichen für Eingeweihte. Die Nennung eines Dichternamens genügte um wie durch ein geheimes Losungswort eine Gefühlsübereinstimmung auszulösen. Ebenso neu ist, wie die Erlebnisfähigkeit durch das Leseerlebnis in eine Gefühlsrichtung gelenkt wird.

Klopstock sah sein Dichtertum **als ein geistiges Amt. Er ist Priester seines Volkes.**[64] Sein Lobpreis der Natur klingt immer wieder aus in ein Gotteslob. Der Naturkult der Stürmer und Dränger blieb ihm suspekt. Mit seiner durch das antike Metrum nur lose gebundenen freien Sprachrhythmik jedoch und vor allem mit seinem neuen Gefühlston war er der Wegbereiter der jungen Dichtergeneration, wurde im Hainbund in geradezu religiöser Form verehrt und führte, ganz gegen seine Absicht, eine Epoche pantheistischer Naturergriffenheit herauf.

Der neue Ton empfindsamer Naturlyrik war aber in der Aufklärungsphilosophie bereits vorgeformt. Der Hamburger Kaufmann und Ratsherr Barthold Heinrich Brockes (1680–1747) hat noch in der pompös deklamatorischen Form des Alexandriners sehr bildmächtig ein ausklingendes Gewitter so geschildert:

Nun strahlte Blitz auf Blitz mit fürchterlichem Schein;
Der Donner rollte noch mit gräßlichem Gebrülle.
Allein im Augenblick nahm eine sanfte Stille
Die fast betäubte Welt gemach von neuem ein;
Die Wolken teilten sich, so Duft als Nebelwand.
Das holde Sonnenlicht, des weißen Tages Quelle,
Goß eine See von Glanz auf das benetzte Land.[65]

Die Schilderung zeigt Realismus und eine frische Sinnenhaftigkeit. Der unvermutete Wechsel einer Naturszenerie in Licht und Geräusch wird unreflektiert bildhaft vorgeführt.

Brockes sprengt so die Grenzen der Barockpoesie, die den Naturgegenstand in allegorischer Verschlüsselung als Signum einer jenseitigen Wirklichkeit genommen hatte. Diese Zeichenhaftigkeit der Natur wird aber von Brockes ersetzt durch eine gelehrsame Gleichnishaftigkeit. Nicht umsonst nennt er seine Gedichtsammlung mit dem Titel *Irdisches Vergnügen in Gott* im Untertitel **physikalisch-moralische Gedichte**. Am Schluss jedes Gedichtes folgt denn auch eine erbaulich moralische Nutzanwendung: **Es ist die helle Sonn ein Bild von Gottes Liebe, Sowie des Donners Grimm die Probe seiner Kraft.**[66] – **Eine geistliche Rechnung ist abgeschlossen**, sagt Johannes Klein und bescheinigt dem Dichter die **buchhalterische Religiosität eines Hamburgischen Kaufherrn und Patriziers.**[67] Sein aufgeklärter religiöser Moralismus artet bisweilen ins Komische aus, so, wenn er mit einem Anklang an Paul Gerhards »Nun ruhen alle Wälder« seinen Gemüsegarten besingt:

> **Wenn uns in Hülsenfrüchten**
> **Mit mancherlei Gerichten**
> **Der fette Garten nährt,**
> **So gib, daß wir erwägen,**
> **O Gott, wie bloß Dein Segen**
> **uns Nahrung, Nutz und Gunst beschert.**[68]

Die Autonomie des lyrischen Bildes wird hier noch von aufklärerischer Pedanterie eingeschränkt.

Bei Albrecht von Haller (1718–1777) dagegen entringt sich das Naturbild dem Aufklärungszweck und gewinnt sein Eigenrecht. Im Erzählgedicht »Die Alpen« schildert er nach einer Sommerreise durch das Wallis seine Eindrücke von Land und Leuten. Zwar fühlt sich der Berner Arzt und Universalgelehrte schon durch sein Metier verpflichtet, wenigstens in Fußnoten die lateinischen Bezeichnungen von Blumen und Pflanzen anzugeben, aber das Naturbild selbst bleibt frei von belehrenden Nebenabsichten:

> **Die blaue Ferne schließt ein Kranz bekränzter Höhen,**
> **Worauf ein schwarzer Wald die letzten Strahlen bricht;**
> **Bald zeigt ein nah Gebürg die sanft erhobnen Hügel,**
> **Bald scheint ein breiter See ein meilenlanger Spiegel,**
> **Auf dessen glatter Flur ein zitternd Feuer wallt**
> **Bald aber öffnet sich ein Strich von grünen Tälern [...].**[69]

Das Farbenspiel und die Vielgestaltigkeit des Landschaftsbildes zeigen, dass Haller schon mehr ist als ein gelehrter Poet, nämlich ein Naturlyriker.

Die Entwicklungslinie des naturlyrischen Bildes lässt sich vielleicht an folgender Reihung motivgleicher Gestaltungen zeigen.

[Brockes:]
zur Linken stieg die Herrscherin der Nacht,
Der volle Mond, in silberweißer Pracht
Aus einem grauen Purpurduft. (1721)

[von Haller:]
Der Mond erhebt die Silberhörner,
Die kühle Nacht streut Schlummerkörner
Und tränkt die trockne Welt mit Tau. (1732)

[Klopstock:]
Willkommen, silberner Mond,
Schöner, stiller Gefährt der Nacht!
Du entfliehest? Eile nicht, bleib, Gedankenfreund! (1771)

Bei Brockes ist neben dem schönen Farbenspiel noch ein Rest gängiger barocker Allegorik erkennbar (**Herrscherin der Nacht**), während Haller ein originales, naturmythisches Bild entwirft. Bei Klopstock schließlich erfährt das Naturbild eine Beseelung, die das Gestirn zum Ansprechpartner des Dichters erhebt, aber auf eine innige Weise, noch frei von der naturdämonischen Verlockung, die Werther zum Verhängnis wird.

2.2 Die Idylle des einfachen Lebens (Salomon Geßner und Oliver Goldsmith)

Ob es nun Übersättigung an der Kultur oder einfach nostalgisches Ungenügen war, jedenfalls fand die Rokokogesellschaft ein merkwürdiges Vergnügen an der Flucht in eine arkadische Scheinwelt von Grotten, Gärten, Hainen und Hirtenseligkeit. Die Idyllendichtung von Geßner, Gleim, Uz, Hagedorn stand allerdings mit ihrem eigenen Anspruch im Konflikt. Sie war eben nicht eine Rückkehr zur Natur, sondern in eine literarische Kunst- und Bildungslandschaft. Das **einfache** Landleben wird im Stil bukolischer Hirtenpoesie verklärt, schlichte alemannische oder holsteinische Dorfjungen heißen jetzt Mirtil, Damon oder Amyntas, ihre Bewegungen und ihre Sprache sind nach den Mustern von Theokrit, Vergil und Horaz stilisiert, über ihre Viehweiden weht nicht einfach der Wind, sondern **jede Staude fühlet des lauen Zephyrs Hauch** (Hagedorn), nicht Blumen blühen, sondern **es taumelt Flora durch die Triften** (Uz), nicht die Sonne geht auf, sondern **Aurora, dem Meer entsteigend, lieblich abwärts schauet** (Ewald von Kleist). Die Hirten und Bauern leben im Stande ewiger Unschuld und Zufriedenheit: **Hier hört man kein Geschrei der Laster / Hier sind wir einsam, fromm und stille** (Gleim).

Das Landleben ist das himmlische Jerusalem der idyllischen Poesie.

O selig Leben auf dem Lande! O großes Glück im Mittelstande! O Paradies der Einsamkeit! (Gleim)

Goethe hat sich gegen die Idyllendichtung dieses Stils schon früh abgegrenzt. Unter den Rezensionen in den ***Frankfurter Gelehrten Anzeigen*** wird ihm die sehr kritische über Salomon Geßner, verfasst im Wetzlarer Sommer, mit Sicherheit zugeschrieben.

Salomon Geßner (1730–1788), der Züricher Kupferstecher und Landschaftsmaler, hat mit seiner Idyllendichtung eine neue Art von poetischer Prosa in rhythmisch melodischem Sprachfluss entwickelt. In kleinen ländlichen Szenen und Zwiegesprächen unter Hirten, Faunen, Nymphen und Landleuten wird ein lebensfernes Rokoko-Arkadien beschworen.

> **Hier wollen wir ins weiche Gras uns lagern, wenn Ziegen an der felsichten Seite klettern und die Schafe und die Rinder um uns her im hohen Grase watten; dann wollen wir über das weit ausgebreitete Tal hinsehn, ins glänzende Meer, wo die Tritonen hüpfen und Phoebus von seinem Wagen steigt, und singen, daß es weit umher in den Felsen widertönt, daß Nymphen still stehn und horchen und die ziegenfüßigten Waldgötter.**[70]

Goethe hat in seiner Rezension auf die Unechtheit und Künstlichkeit der geßnerschen Idyllenwelt hingewiesen, hat sie ein **Land der Ideen und der elfenbeinernen Nymphenfüßchen** genannt, **woher er uns nur Traumgenuß herüberzaubert.**[71] Ihn beeindruckte zu der Zeit weit mehr das ländliche Versepos des Engländers Oliver Goldsmith: *The Deserted village.* Dessen Erzählung vom verödeten Dorf ist ein wehmütiger Rückblick auf ein zerstörtes Paradies, das Dorf Auburn, dessen Bewohner infolge der Landakkumulation adliger Großgrundbesitzer in die Emigration nach Amerika getrieben wurden. Die kleine Welt mit ihrer überschaubaren sozialen Ordnung, mit Dorfpfarrer, Schulmeister, Schankwirt, Müller und heiter genügsamen Landleuten war bei aller liebevoll idyllischen Kleinzeichnung ein Stück ländlicher Wirklichkeit. Hier war nichts ins Utopische und Irreale entrückt. Eine Dorftanzszene bei Goldsmith und ein Reihentanz mit Zephiren und Nymphen bei Geßner kann den Gegensatz verdeutlichen:

> [Goldsmith:]
> **The dancing pair that simply sought renown**
> **By holding out to tire each other down,**
> **The swain mistrustless of his smuttled face**
> **While secret laughter tittered round the place,**
> **The bashful virgin's side-long looks of love,**
> **The matron's glance that would those looks reprove,**
> **These were thy charms, sweet village.**[72]

(Ein tanzend Paar erschien, dem Ruhm genug es deuchte, / Bei Atem noch zu sein, wenn jedes andre keuchte; / Ein Hirt, mit Ruß geschwärzt, sah argwohnlos sich um, / Dann lachendes Gekreisch lief rings im Kreis herum; / Dort stahl ein Lächeln sich von schamgefärbten Wangen / Und ward vom Späherblick der Mütter aufgefangen. / Dies war, o süßes Dorf, dein Zauber. – Übers. S. G. Bürde)

[Geßner:]
Die Zephire hüpfen vom Hügel ins Tal und lachen schalkhaft, wenn sie beim Reihentanz die hüpfenden schamrot gemacht. Sieh die Faunen, die Nymphen, wie sie hüpfen. Welch ein Getöse von Tyrsus-Stäben und Klapper-Schalen und Flöten [...].[73]

Von Goldsmith hatte GOETHE in Straßburg bereits den Roman *DER PFARRER VON WAKEFIELD* gelesen. Er wird von Lotte im *WERTHER* als das Werk gepriesen, in dem sie ihre Welt wieder findet (24). Dieser Roman wurde damals, ungeachtet seiner kolportagehaften Erzählhandlung, vor allem wegen seiner gemüthaft familiären und häuslichen Szenen hoch geschätzt. Da gibt es morgendliche Familienversammlungen mit erbaulichen Reden des Hausvaters, eine Sitzbank vorm Haus für beschauliche Abendstunden, **von einer Hagedorn- und Geißblatthecke beschattet**[74], genügsame Gäste, die mit Stachelbeerwein bewirtet werden, fröhliche Blicke, einen sauberen Herd und ein heimeliges Feuer.

GOETHE hat diese Welt ländlich gemüthafter **Einschränkung** in Werthers Wahlheim nachgezeichnet: **So vertraulich, so heimlich hab' ich nicht leicht ein Plätzchen gefunden** (14). Der Roman speist sich eben nicht nur aus dem unmittelbaren Erleben des Autors, sondern auch aus literarischen Reminiszenzen.

2.3 Der Ossian-Kult

Einem **Traumgenuss**, über den er sich bei Geßner so mokiert hatte, verfällt GOETHE selbst in seiner jugendlichen Ossian-Verehrung. Dass er sich mit Herder durch die literarische Fälschung des James Macpherson täuschen ließ, lag an der Begeisterung der Stürmer und Dränger für alles **Volkhafte** und Archaische.[75]

GOETHES Einfügung seiner Straßburger Ossian-Übersetzung[76] in den *WERTHER* (S. 131 ff.) ist ein kompositioneller Kunstgriff. Er benutzte die Ossian-Zitate zur Widerspiegelung der gemüthaften Verdüsterung Werthers. Indirekt kündigt Werther damit seinen Selbstmord an.

Der Stimmungsumschwung wird in den Herbstbriefen des zweiten Buches deutlich. **Ossian hat in meinem Herzen den Homer verdrängt** (98). Das in strahlenden Frühlingsfarben gehaltene Bild des Romananfangs ist in eine dämmerige Szenerie von Nacht und Nebel verwandelt, der kräftige Durton wechselt in ein melancholisches Moll. Leitmotivisch kündigt sich dieser Wechsel aber schon sehr viel eher an; Ossian wird bereits im Brief vom 10. Juli zum ersten Mal genannt. Außer einem düsteren Stimmungszauber ist für uns in den Ossian-Texten nicht mehr viel zu entdecken. **Stets erklingt derselbe Ton der Trauer um Verlorenes.**[77] Die Nebeldämpfe von Cromlach lassen die Konturen der besungenen Helden ins Wesenlose verschwimmen: **Like the darkened moon the heroe retired in the midst of the whistling blast** (aus *Fingal*).

Macpherson, von seinem Edinburgher Lehrer Hugh Blair ins schottische Hochland entsandt um nach Resten alter gälischer Volksballaden zu suchen, lieferte eine geschickte Kompilation aus eigener Erfindung, Motiven aus der schottischen Volksdichtung und Anklängen aus Homer und dem Alten Testament, die er als eine fragmentarische Sammlung von Epen des sagenhaften gälischen Dichters Ossian ausgab. Der Betrug wurde erst nach Macphersons Tod (1796) aufgedeckt.

Durch die Ossian-Gesänge zieht sich bei aller ihrer literarischen Fragwürdigkeit eine poetische Idee. Ossians **Philosophie** ist eine Art von heroischem Nihilismus, auf den Macpherson im Vorwort zu *Fingal* selbst hinweist: **There are no traces of religion.** Im Zeitstil der Empfindsamkeit drückt sich eine tragische Schicksalsoffenheit aus. **Ossian-Welt ist Todeserwartung.**[78]

Der Erzählinhalt der *Songs of Selma*, aus denen Werther seiner Lotte bei ihrer letzten Begegnung vorliest, ist schwer zu entschlüsseln (vgl. 3.2.4 dieser Arbeit). Es sind Wechselklagen von Männer- und Frauengestalten um ihre erschlagenen Freunde, Kinder und Geliebten, vielfältig ineinander verschränkt. Verbindende Erzähltexte fehlen. Der Inhalt hat für den Roman geringere Bedeutung als der herzergreifende Ton der immer wiederholten Todesklagen, ein Gefühlssignal für Lotte, die daraus den inneren Zustand ihres Freundes erschließt und ihm in einem Gefühlssturm aus Mitleid und Ratlosigkeit ihre Liebe zu erkennen gibt.

2.4 Deismus und Pantheismus

In seiner Jugend hat Goethe bekanntlich zwei religiöse Prägungsphasen durchlaufen, deren Spuren im *Werther* auszumachen sind. Die bibelfromme Mutter hat ihn früh in die dichterisch religiöse Welt des Alten und des Neuen Testaments eingeführt. Mit 15 Jahren schrieb er ein Gedicht »Über die Höllenfahrt Jesu Christi«, kurz darauf ein Epos über den ägyptischen Josef und dramatische Bearbeitungen der Erzählungen von Ruth und Isebel. Das Anheimelnde der alttestamentarischen Patriarchenwelt muss ihn besonders beeindruckt haben. Werther kann **sein**

Wahlheim jedenfalls nicht besser beschreiben als durch den Vergleich mit urväterlichen Zuständen.

Nach seiner Rückkehr aus Leipzig war der von schwerer Krankheit Genesende eine Zeit lang ergriffen von der pietistischen Frömmigkeit der Susanne von Klettenberg, der **schönen Seele** in den *Lehrjahren*. Im September 1769 hatte er sogar der herrnhutischen Brüdergemeinde in der Wetterau einen kurzen Besuch abgestattet. **Mich hat der Heiland endlich erwischt,** schrieb er an Langer. Gleichzeitig aber vertiefte er sich in barocke pansophische Geheimlehren, hermetische Schriften aus neuplatonischer Tradition, machte alchimistische Experimente und schuf sich eine eigene, magisch-mystische Naturreligion.

Beides, Pietismus und Pansophie, lebte im Wetzlarer Sommer wieder auf. August von Goué, Mitglied der ›Ritterrunde‹ im »Kronprinzen«, verband eine irrationale Naturschwärmerei mit einer Art freimaurerischer Geheimbündelei und suchte Anhänger für diese Kreise. Er hatte eine pansophische Lehrschrift verfasst mit dem Titel *Der höhere Ruf*. Von Goués halb rousseauistischem, halb esoterischem Naturkult war der Wetzlarer Goethe eine Weile beeindruckt. **Die neuangeregten pansophischen Spekulationen mit der hochachtungsvollen Reserve gegenüber der christlichen Religion, der Verehrung Rousseaus, der Ablehnung von Orthodoxie und Skeptizismus ins Gleichgewicht zu bringen […] das gehörte,** sagt Günther Müller, **zu dem Wetzlarer Fortgang der inneren Bildung-Umbildung.**[79]

Mit Lavater kommt bald darauf auch wieder der christlich-pietistische Einfluss auf Goethe zu, gegen den er sich jetzt aber zur Wehr setzt. Er hat nämlich unterdessen unter dem Eindruck von Hamann und Herder angefangen ein eigenes, pantheisierend naturreligiöses Weltbild zu entwerfen. In ihm heißt das Medium, das den Menschen mit der Gottheit verbindet, **Schöpfungskraft. In Dichtung stammelt sie über, in kritzlenden Strichen wühlt sie auf dem Papier Anbetung dem Schaffenden, ewiges Leben umfassendes, unauslöschliches Gefühl des, das da ist und da war und da sein wird.**[80] Das hat keinen Bezug mehr zu den religiös-pansophischen Spekulationen von 1769: Diese neue hochfliegende Gefühlsreligiosität, die im *Werther* ihre erste dichterische Formulierung findet, speist sich ganz aus einer halbbewussten, ahnungsvollen Ineinssetzung des Ich mit dem All. Wie für Herder ist Gefühl für Goethe **nicht eine psychologische Funktion, sondern der Urakt menschlichen Geistes überhaupt. Natur und Geist, Schöpfung und Geschichte sind nicht Gegensätze, sondern durch die göttliche Urkraft miteinander verbunden.**[81]

Im Jahre 1776, als die Bewegung schon wieder ausklang, gab Klinger ihn mit seinem (von Kaufmann stammenden) Dramentitel den Namen: **Sturm und Drang.** Die Stürmer und Dränger selbst nannten sich **Genies** oder noch lieber **Originalgenies**, und das hieß vor allem **genialisch leben. Er besitzt, was man Genie nennt**, schrieb KESTNER über den Wetzlarer GOETHE, **er tut, was ihm einfällt, ohne sich darum zu bekümmern, ob es anderen gefällt, ob es Mode ist, ob es die Lebensart erlaubt.**[83]

Das Wort wird noch nicht im Sinne des 19. Jahrhunderts als intellektuelle Hochbegabung verstanden, sondern eher im Sinne des antiken Genius, einer dem Menschen innewohnenden Kraft göttlichen Ursprungs. Hauptkennzeichen dieser neuen Genies ist Originalität, und das bedeutet **Vernachlässigung alles dessen, was Ordnung und Wohlstand heißt.**[83] Die Herausforderung bürgerlicher und adliger Konventionen vollzog sich nicht nur literarisch, sondern auch im Auftreten und Gehaben. Man trug sich **englisch**, d. h. Frack, Weste, Stulpenstiefel, das Wertherkostüm also, und verschmähte Kniehosen, Escarpins und seidene Strümpfe; statt eines Spitzenjabots trug man den Hemdkragen offen, man fluchte im Götz-Ton und trank **Tyrannenblut**, wie der Rotwein aus dem Keller des kaiserlichen Rats GOETHE genannt wurde. Das **Genie**, glaubte man, habe keine Bildung nötig, sondern **schöpfe wie Gott aus seinem Wesen und sei sich selbst genug [...] und sei berechtigt, sich im bloßen Hemd oder auch nach Belieben in puris naturalibus zu produzieren.**[84] (In der Tat schockierten die Brüder Stolberg die empfindsame Darmstädter Hofgesellschaft, indem sie sich am helllichten Tag nackt zum Baden in einen Teich stürzten.)

Die Schlüsselwörter für dieses ungestüme Gebaren hießen **Natur** und **Herz. Natur versteht die Natur und Genie ahndet das Genie.**[85] **Das Genie trägt in sich das Gefühl des Lebens und teilt es dem Herzen mit.**[86]

Genialisches Verhalten bekundete sich in einem ständigen Gefühlsüberschwang, in brüderlichen Umarmungen, Freundschaftsfeiern und Verdammungsritualen gegen die literarischen Antigötter des Rokoko, unter denen der noble und elegante Wieland zur Symbolfigur wurde. Johann Heinrich Voß berichtet, wie die Jünglinge des Göttinger Hainbundes 1773 Klopstocks Geburtstag feierten: Für den nicht anwesenden Jubilar war ein bekränzter Stuhl aufgestellt, aus Wielands Schriften aber drehte man Fidibusse, mit denen man sich die Pfeifen ansteckte; man stampfte auf Wielands Werken herum und trank auf die Gesundheit

Klopstocks. **Wir sprachen von Freiheit, die Hüte auf dem Kopf, von Deutschland, von Tugendgesang. Dann aßen wir, punschten, und zuletzt verbrannten wir Wielands ›Idris‹ und Bildnis.**[87]

Edward Young war es, der zuerst im Enthusiasmus des Genies die Schöpferkraft Gottes inkarniert sah. **Niemals ist jemand ohne göttliche Begeisterung ein großer Mann geworden. Deswegen hat man stets das Genie für etwas Göttliches gehalten.**[88]

An der Aufklärungskultur störte die Genies vor allem, dass sie das vernünftige Mittelmaß zur Norm gemacht hatte. In der Farce *GÖTTER, HELDEN UND WIELAND* lässt GOETHE den Halbgott Herkules dem Poeten Wieland gegenübertreten. Wieland ist über des Herkules Größe schockiert: **Wahrhaftig, Ihr seid ungeheuer, ich hab mir Euch niemals so imaginiert.** Darauf Herkules: **Was kann ich davor, daß Er eine so engbrüstige Imagination hat.**[89] Freier Atem, Weite, Ausblick, grenzenloses Schweifen wurden Ausdruck einer neuen Lebenskultur:

Weit, hoch, herrlich der Blick
Rings ins Leben hinein,
Vom Gebürg zum Gebürg [...]. (»An Schwager Kronos«)

Freiheit und Regellosigkeit wurden auch zum Programm einer neuen Poetik. **Es schien mir die Einheit des Orts so kerkermäßig ängstlich [...], lästige Fesseln unserer Einbildungskraft. Ich sprang in die freie Luft und fühlte erst, daß ich Hände und Füße hatte.**[90]

Der späte GOETHE distanzierte sich mit milder Selbstironie vom Geniekult. **Wenn einer zu Fuße, ohne recht zu wissen warum und wohin, in die Welt lief, so hieß dies eine Geniereise, und wenn einer etwas Verkehrtes ohne Zweck und Nutzen unternahm, ein Geniestreich.**[91]

Das seelenvollere Gegenthema zum Furioso des Sturm und Drang war die empfindsame Gefühlskultur der Darmstädter Hofgesellschaft, zu der GOETHE durch Merck und Herders Braut Caroline Flachsland in Beziehung getreten war. Die Landgräfin Caroline von Hessen-Darmstadt hatte im Umkreis ihres Hofes ein musenfreundliches Klima geschaffen, in dem sich ein Zirkel von literarischen Damen und Herren ansiedelte, der sich den Namen »Gemeinschaft der Heiligen« gab. Man redete sich mit poetischen Namen an: Urania, Lila, Psyche. Der derbe Dichter des *GÖTZ* schickte zartsinnige Widmungsgedichte an die Darmstädter Damen, **zum Austeilen: Elysium an Uranien, Pilgers Morgenlied an Lila, Fels-Weihegesang an Psyche.** Er stimmte damit in den Darmstädter Gefühlston ein, **der uns heute unerträglich exaltiert anmutet.**[92] Ein Brief von Lila (Luise von Ziegler) an Psyche (Caroline Flachsland):

O meine Psyche, unsere ersten Blicke waren Liebe, und diese Liebe wird ewig unsere Herzen verbinden. Noch im Elysium werden wir das Glück unserer Freundschaft empfinden; ich sehe den Untergang der Sonnen, gegenüber welcher wir uns zärtlich umarmten [...].[93]

In diesem Ton geht es weiter. Man sieht, wie sehr manche stilistischen Eigentümlichkeiten des *Werther* Tribut an den Zeitgeschmack sind, wie sehr der Roman aber auch über diesen Zeitgeschmack hinausgeht.

2.6 Der Widerhall Rousseaus in Deutschland

Der Gegensatz von **gesundem Landleben** und **verderbter Stadtkultur**, von der Idyllendichtung im Stil Geßners durch anakreontische Verbrämung ins Irreale entrückt, fand seine philosophische Bestätigung und Vertiefung durch Rousseau.

Der tiefste Grund dieses Gegensatzes ist, daß der Naturmensch in sich und aus sich heraus lebt; der Gesellschaftsmensch, stets außer sich, weiß nur in der Meinung anderer zu leben und schöpft das Gefühl seines eigenen Daseins nur aus fremdem Urteil.[94]

Die Sehnsucht nach unmittelbarem Leben aus dem Grunde der Natur wurde allerdings nicht erst durch Rousseau erweckt. Schon in der deutschen Barockpoesie, bei Fleming, Opitz und Hofmannswaldau, klingt sie an.

Ich empfinde fast ein Grauen,
Daß ich, Plato, für und für
Bin gesessen über dir;
Es ist Zeit hinaus zu schauen
Und sich bei den frischen Quellen
In dem Grünen zu ergehn,

singt Martin Opitz.

Die Idee des Ausbruchs aus Gelehrsamkeit und Kultur ins unmittelbare Leben blieb jedoch ein unverbindliches Denkmuster, bis Rousseau ihr mit zündenden Formulierungen revolutionäre Sprengkraft gab:

Das Gefühl ist mehr als die Vernunft.
Leben ist gleichbedeutend mit Fühlen.
Alles ist gut, wie es aus den Händen des Schöpfers kommt,
alles entartet unter den Händen des Menschen.

Die Begeisterung, mit der diese Parolen gerade in Deutschland vernommen wurden, belegt, dass hier schon seit der Mitte des Jahrhunderts ein tiefes Ungenügen an der Kultur aufgebrochen war. Rousseau wurde in Deutschland zum **Propheten der Gefühlsemanzipation.**[95]

In Deutschland wurde aber auch der Ruf **Zurück zur Natur!** übersteigert in ein naturreligiöses Glaubensbekenntnis.

Siehe die ganze Natur. Beobachte die große Analogie der Schöpfung: alles fühlt sich und seinesgleichen, Leben wallet zu Leben. Jede Saite bebt ihrem Ton, jede Fiber verwebt sich mit ihrer Gespielin, Tier fühlt mit Tier; warum sollte nicht der Mensch mit Menschen fühlen? (Herder, 1774)[96]

Der junge GOETHE, Hamann, Lenz, Klinger und alle Weggenossen des Sturm und Drang waren sich mit Rousseau einig über den Vorrang der Natur vor der Kultur; sie überboten ihn, indem sie auch den Vorrang des Irrationalen vor der Vernunft proklamierten.

Wie sehr der späte GOETHE (1828) die Einseitigkeit des rousseauistischen Naturkultes wiederum überstiegen hat, zeigt er in einem Rückblick auf den Pantheismus seiner Jugendzeit: **Man sieht die Neigung zu einer Art von Pantheismus [...] Die Erfüllung aber, die ihm fehlt, ist die Anschauung der zwei großen Triebräder aller Natur: der Begriff von Polarität und Steigerung.**[97]

Über den simplen Rousseauismus war GOETHE aber bereits im *WERTHER* hinausgelangt. Das Gesetz einer polaren Spannung kann man hier schon angedeutet finden. Werthers Verhängnis liegt darin, dass der weltgesetzliche Pulsschlag von **Verselbstung** und **Entselbstigung** in ihm aussetzt. Er findet aus der **Entgrenzung** nicht zurück. Eine solche einseitige Selbstentäußerung musste zur Auflösung des Selbst im Grenzenlosen führen.

Karl Barth meint, Rousseau sei **an seiner Zeit krank** gewesen, GOETHE aber sei, **in Gesundheit die Krankheit überwindend,** über diese Zeit **Meister geworden.**[98]

2.7 Der empfindsame Roman in Briefform

Werthers Lotte äußert sich abfällig über Romane. Sie tadelt deren Unnatürlichkeit. **Der Autor ist mir der liebste, in dem ich meine Welt wiederfinde.** (24)

Die maßgebliche literaturästhetische Abhandlung der Wertherzeit, Joh. Georg Sulzers *ALLGEMEINE THEORIE DER SCHÖNEN KÜNSTE*, nennt **das Natürliche ohngefähr gerade das Entgegengesetzte des Romanhaften.**[99] Das Abenteuerliche und Verstiegene der Romanhandlung war ihm geradezu das Kennzeichen dieses Genus.

Christian Friedrich Blanckenburg (1774) sieht schon nicht mehr **in den Begebenheiten der handelnden Personen, sondern in den Empfindungen**[100] das Wesen des Romans.

Das Zeitalter der Empfindsamkeit war weder mit dem **galanten Roman** in der Tradition der höfisch-historischen Barockepen noch mit den Abenteuererzählungen des Picaro-Typus zufrieden. Man verlangte **Abenteuer des Herzens.**

Die Kirchen wetterten gegen die **sündhafte Leselust,** die moralischen Wochenblätter sprachen Warnungen aus: Romane, hieß es, machten **eitel und oberflächlich.** Alldem zum Trotz wurden Romane im 18. Jahrhundert zum Konsumartikel des gebildeten Bürgertums.

Ein besonders beliebtes Genre war der englische Briefroman. Samuel Richardson (1689–1761) erlangte legendären Ruhm damit. **Unsterblich ist Homer, unsterblicher bei Christen/Der Brite Richardson,** dichtete Gellert.[101] Seine Romane *PAMELA, CLARISSA* und *GRANDISON* erzielten von 1742 bis 1790 in Deutschland 21 Auflagen.[102] Wieland plante eine Dramatisierung der *CLARISSA, GRANDISON* wurde selbst von Lessing gerühmt. **Die Richardsonschen Romane hatten die bürgerliche Welt auf eine zartere Sittlichkeit aufmerksam gemacht,** urteilt GOETHE in *DICHTUNG UND WAHRHEIT.*[103]

Was uns heute allerdings stört, ist der larmoyante Ton dieser Erzählungen. Richardsons Programm war **to dive into the recesses of human heart.** Es geht meistens um die Schändung eines ehrbaren Mädchens durch einen schurkischen Liebhaber. Der Sieg der Tugend wird aber durch den herzergreifenden Tod der schönen Heldin garantiert.

1761 erschien Rousseaus Roman *LETTRES DES DEUX AMANS HABITANS D'UNE PETITE VILLE AU PIEDS DES ALPES,* bekannt geworden unter dem Titel *LA NOUVELLE HÉLOISE* in Anspielung auf die Leidensgeschichte des mittelalterlichen Scholastikers Petrus Abaelard und seiner Geliebten Heloisa. Der Standesunterschied zwischen der adligen Julie d'Étanges und ihrem bürgerlichen Hauslehrer Saint-Preux steht einer Verbindung der beiden Liebenden im Wege. Julie verzichtet auf die Erfüllung ihrer Liebe.

Der Roman ist oft als Vorbild für den *WERTHER* bezeichnet worden. Formal hat GOETHE allerdings so gut wie nichts von ihm übernommen. (Die Briefform war bereits durch Richardson idealtypisch für den Liebesroman geworden.) Im Unterschied zum *WERTHER* kommt bei Rousseau eine Vielzahl von Briefschreibern zu Wort. Dadurch wechselt ständig die Erzählperspektive. Die Handlung ist im Gegensatz zur klaren Geradlinigkeit des *WERTHER* weitschweifig ausgesponnen und verwickelt. Die Liebesbeziehung zwischen Julie und Saint-Preux verwirrt sich. Einzig eine Person, der abgeklärt philosophische und edelmütige Ehemann Julies, Herr de Wolmar, hat ein gewisses Pendant in Lottes Verlobtem Albert.

An Richardson und Rousseau orientierten sich zahlreiche Nachfolgeromane, meistens in Anlehnung an Richardson (**The history of** [...]) betitelt: **Geschichte der** [...], **Geschichte des** [...], **Eine wahre Geschichte aus Familienpapieren gezogen** u. Ä. Davon hat eigentlich nur einer im literaturhistorischen Gedächtnis überlebt: *Die Geschichte des Fräuleins von Sternheim* von Sophie La Roche, erschienen 1771. Wieland war der literarische Geburtshelfer des Romans; er hat seiner Herzensfreundin Sophie bei seiner Produktion und Herausgabe mit Rat und Tat zur Seite gestanden.

Sophie von Sternheim ist eine Waise aus einem dem Tugendideal der Aufklärung verpflichteten Elternhaus. Aufgenommen von Verwandten einer Residenzstadt sieht sie sich den Kabalen einer gewissenlosen Hofgesellschaft ausgeliefert. Sie verliebt sich in einen edelmütigen Engländer, wird aber von dessen schurkischem Nebenbuhler in eine Scheinehe gelockt, findet in England in einer philanthropischen Gutsherrin eine großherzige Freundin und wird von dort durch ihren Entführer Derby, dessen Heirats- und Karriereplänen sie im Weg steht, mit Gewalt in ein schottisches **Bleigebürge** gebracht, wo die Totgesagte von Lord Seymour, ihrem treuen Verehrer, aufgespürt und *zu vollkommener Glückseligkeit* in einem erfülllten Ehe- und Familienleben erlöst wird.

Diese herzzerbrechende Geschichte begründet nun auch in Deutschland die Tradition der **Frauenromane,** die besonders im 19. Jahrhundert ihre trivialen Blüten getrieben hat. Zugunsten der *Sternheim* spricht aber ein mutiger sozialkritischer Realismus, mit dem der Roman Missstände im Adel und im Bürgertum und vor allem in der zeitgenössischen Mädchenerziehung angeht. Die Tugendidee wird dabei allerdings etwas aufdringlich propagiert. Darauf könnte sich Lessings Ausspruch beziehen: **Wenn die Romanschriftsteller, die keine Richardsons sind, doch nur immer auf die Tugend Verzicht tun wollten.**[104] Diesen Verzicht leistete Goethe in seinem *Werther,* er erzeugte damit allerdings unter den Tugendwächtern einen Sturm der Entrüstung.

3 Die Gestalt des Romans

3.1 Die Erzählform

3.1.1 Briefroman oder Tagebuch?

Bester Freund heißt die Anrede des ersten Wertherbriefes (5). Erst im siebten Brief erfahren wir seinen Namen: Wilhelm (12). Von nun an wird er öfter genannt: **Ja, lieber Wilhelm** (33), **Ich bitte Dich, lieber Wilhelm** (49), **Ich danke Dir, Wilhelm** (65). Im überschwänglichen Freundschaftston der Empfindsamkeit heißt er auch **Schatz** (17), **Bruder** (61), **mein Geliebter** (94). Mehrere Briefe richten sich an Lotte (47; 76; 146), einer an Albert und Lotte (80). Die meisten aber beginnen ohne Anrede und enthalten auch keine Zwischenanrede, auch kein **Du. Oft ist das Du, an das Werther sich richtet, nicht Wilhelm, sondern sein eigenes ›Herz‹.**[105]

In der Vorrede des fiktiven Herausgebers ist denn auch nicht die Rede von einer Briefsammlung, sondern von allem, **was ich von der Geschichte des armen Werther nur habe auffinden können** (3). Im Brief vom 8. August (50) spricht Werther von seinem Tagebuch. Der **Herausgeber** hat Briefe und Tagebuchnotizen gemischt ohne sie als solche kenntlich zu machen. Die Tagebuchstellen fallen manchmal durch ihre Kürze heraus, so z. B. die aphoristische Äußerung vom 16. Junius im 2. Buch (89).

Beide Äußerungsformen, Brief und Tagebuch, stimmen überein in ihrer äußersten Nähe zum Ich und ihrer Distanz zur äußeren Wirklichkeit. Alle Ortsbezeichnungen, mit Ausnahme von Wahlheim, bleiben unbestimmt: eine **Stadt**, die **unangenehm** ist (6), eine **paradiesische Gegend** (6), eine **stille Gegend** (21), **ein Gebirge** (52), ein **Garten** (6). Die Residenz, in der Werther seinen Sekretärsdienst aufnimmt, heißt einfach **hier** (71). **Das eigene Ich ist wichtiger als die äußere Welt.**[106]

Diese extreme Ichhaftigkeit verleiht auch den Briefen Tagebuchcharakter. Selten wird auf Antwortbriefe Bezug genommen, es gibt nur einige zitathafte Hinweise auf Äußerungen Wilhelms: **Du fragst, ob Du mir meine Bücher schicken sollst?** (9) **Im Grunde hast Du recht** [...] (50).

Der Briefwechsel pausiert mitunter: **Warum ich Dir nicht schreibe?** (20) Werther nimmt Bezug auf frühere Briefe: **Was ich Dir neulich von der Malerei sagte** (18), [...] **der Mensch, von dem ich Dir schrieb** (110). Die Fiktion des Briefwechsels wird so, dem monologischen Charakter des Ganzen zum Trotz, immer wieder bekräftigt. Dabei übernimmt Wilhelm die Rolle eines verborgenen Gegenspielers. Er ist mit Werthers Eigenarten vertraut: **Du kennst von alters her meine Art** [...] (14).

Er ist aber auch Ratgeber und Mahner, Werthers vernünftiges alter ego: **Ich danke Dir, Wilhelm, für Deinen herzlichen Anteil, für Deinen wohlmeinenden Rat** (103). An einer Stelle kommt Wilhelm durch ein ausführliches Zitat selbst zu Wort. **Ermanne Dich**, sagt er, **und suche einer elenden Empfindung loszuwerden, die alle deine Kräfte verzehren muß** (50).

Wilhelm ist ein resoluter Mensch; er rät Werther zum tätigen Leben, zur Pflichterfüllung und zur Lebensbejahung. Er ist es auch, der Werther im Namen der Mutter drängt, die Sekretärstelle beim Gesandten anzunehmen.

Abgesehen aber von den eindeutig partnerschaftsbezogenen Äußerungen sind die Wertherbriefe, nach Art innerer Monologe, ein ständiges, sich dramatisch steigerndes Ichgespräch. Auch wo Werther die Welt in Form einer Landschaft als scheinbar objektive Wirklichkeit entgegentritt, wird sie bald als Projektion seines Innern erkennbar. Die Landschaften wandeln sich im wechselnden Licht seines leidenschaftlichen Gemüts. **Das eigene Gefühl ist für ihn das Maß des Menschlichen.**[107] GOETHE nimmt mit seiner Form der distanzlosen seelischen Selbstdarstellung seines Helden Züge des modernen Bewusstseinsromans von Virginia Woolf oder James Joyce vorweg.

3.1.2 Die Figur des Herausgebers

In dem Herausgeberbericht ab S. 112 wird die Distanzlosigkeit der Ich-Erzählung aufgehoben. Ein allwissender Erzähler, der sich im **Vorwort** als Sammler und Ordner der Papiere Werthers vorgestellt hatte, ergreift am Ende der Erzählung das Wort. Dabei bleibt er namenlos. Seine Vertrautheit mit dem Helden und sein Mitleid mit seinem Schicksal kommt in zurückhaltender Form zum Ausdruck. Er nennt ihn **unsern Freund** (112) und den **armen Werther** (3).

Der erste Bericht beginnt wie eine Krankheitsgeschichte: **die Harmonie seines Geistes war völlig zerstört, eine innerliche Hitze und Heftigkeit, die alle Kräfte seiner Natur durcheinander arbeitete, brachte die widrigsten Wirkungen hervor** (112). Der Leidenschaftston Werthers, der sich gerade im Brief vom 6. Dezember (111) zu wehen Klagetönen gesteigert hatte, kontrastiert sehr stark mit diesem nüchternen Berichtsstil. Der Herausgeber will **gewissenhaft erzählen** (112) und enthält sich des eigenen Urteils. Philologisch korrekt verspricht er **das kleinste aufgefundene Blättchen nicht gering zu achten** (ebd.). Dabei wechselt seine Erzählhaltung von behutsam gefühlshafter Nähe (Einrahmung der Ossian-

Vorlesung, S. 127–130 u. 138) zur kalten, protokollhaft konstatierenden Distanz des reinen Beobachters (Darstellung des Selbstmordes, S. 150 f.; vgl. 1.2 dieser Arbeit). Die Gefühlsreduziertheit des unbeteiligten Chronisten wird am Schluss des Romans auf die Spitze getrieben.

Man kann sich keinen schärferen Kontrast denken als den zwischen dem hochgetriebenen Empfindsamkeitsstil des Abschiedsbriefes an Lotte und der kalten, komprimierten Faktenreihung des Romanschlusses. Thomas Mann erzielte eine ähnliche Kontrastwirkung, als er den Todeskampf des Hanno Buddenbrook in der Form eines wissenschaftlich-medizinischen Krankheitsverlaufs referierte.

3.1.3 Die Gestalt der Mutter

Von Werthers Vater wird nur gesagt, dass er tot ist (86). Von der Mutter dagegen ist mehrmals die Rede, jedoch immer nur beiläufig und distanziert. Sie hat ihrem Sohn einen Auftrag zur Regelung einer Erbschaftsangelegenheit mit einer nicht näher beschriebenen Tante gegeben. Dies ist übrigens das einzige im Roman genannte Motiv für Werthers Aufenthalt in der unangenehmen Stadt. Ein Familienkonflikt klingt an, in dem Werther für die Tante Partei nimmt, in der er **eine muntere heftige Frau von dem besten Herzen** gefunden hat (6). Damit ist die Sache abgetan, das Motiv verläuft im Sande.

Die Mutter wird dann noch mehrmals im Zusammenhang mit der gescheiterten Sekretärslaufbahn erwähnt. Wilhelm muss es ihr **in einem Säftchen beibringen,** dass ihr Sohn den Dienst gekündigt hat.

Mit ihren Vermögens- und Karriereinteressen verkörpert die Mutter den Anspruch eines bürgerlichen Standesbewusstseins, dem Werther entrinnen will.

Eine letzte Information über die Mutter gibt der Roman, als Werther seinen Geburtsort aufsucht, den sie nach dem Tode des Vaters **verließ, um sich in ihre unerträgliche Stadt einzusperren** (86). Das hat er ihr offenbar nicht verziehen. Seine Abschiedsbriefe vor dem Selbstmord richten sich an Wilhelm, Lotte und Albert; der Mutter lässt er nur ausrichten, **daß sie für ihren Sohn beten soll, und daß ich sie um Vergebung bitte wegen alles Vedrusses, den ich ihr gemacht habe** (122).

Das gefühlskalte Verhältnis Werthers zu seiner Mutter veranlasste Peter Fischer (in ***Psyche,*** 1986/H. 6) zu einer psychoanalytischen Deutung. Er sieht darin GOETHES **narzißtisches** Verhältnis zur eigenen Mutter und zur Schwester Cornelia in traumatischer Weise verdichtet. **Tötet Werther sich selbst, so tötet er damit auch das internalisierte Mutterobjekt.**[108]

Wenn es einen tiefenpsychologischen Schlüssel für die Werthergestalt geben sollte, so müssten dafür wohl deutlichere Hinweise im Romantext stehen, als Fischer sie aufzeigt. So einfach kann man GOETHE nicht auf die Behandlungscouch legen.

Die Lösung von der Mutter steht zeichenhaft für Werthers Emanzipation aus den bürgerlichen Konventionen, aus der naturfernen Stadtkultur, aus Standesdünkel und engem Erwerbsstreben. Mit der Ankunft in der Stadt beginnt für Werther ein Dasein ohne gesellschaftliche und familiäre Bindungen. **Wie froh bin ich, daß ich weg bin** (5), lauten die ersten Worte des Romans.

3.2 Das Bild der Natur – Leitmotive und Symbolik

3.2.1 Nähe und Ferne

Oh, es ist mit der Ferne wie mit der Zukunft! Ein großes dämmerndes Ganzes ruht vor unserer Seele, unsere Empfindung verschwimmt darin wie unser Auge, und wir sehnen uns, ach! unser ganzes Wesen hinzugeben. (32)

In solchen hohen Gefühlsaufschwüngen versucht Werther immer wieder die Wirklichkeit zu übersteigen, aber immer wieder stürzt er ab in Gefühlsverlassenheit. **Ach, wenn wir hinzueilen, wenn das Dort zum Hier wird, ist alles vor wie nach, und wir stehen in unserer Armut, in unserer Eingeschränktheit.** (ebd.)

Der Versuch der Entgrenzung endet in einer Tantalusqual der Seele, die **nach entschlüpftem Labsale lechzt** (ebd.). Werther ist ein Ganymed, der abstürzt. Der Aufstieg zum **alliebenden Vater** gelingt nicht.

Diese in der Person Werthers angelegte Tragik wird schon am Anfang des Romans deutlich, in der glückhaftesten Phase seiner Handlung. Die Klage über seine **Armut** und **Eingeschränktheit** steht in demselben Brief, der mit den Worten beginnt: **ich lebe so glückliche Tage, wie sie Gott seinen Heiligen aufspart** (21. Junius). Ein tief in ihm angelegtes Ungenügen in der Welt drückt sich aus in den Antithesen **Dort** und **Hier, Nähe** und **Ferne.**

In Werthers Fernsehnsucht verbildlicht sich Jenseitssehnsucht. Auf seinen Wanderungen sucht er mit Vorliebe Anhöhen und Aussichtspunkte auf. Schon in seiner Jugendheimat hatte er einen solchen Platz. **Stundenlang konnt' ich hier sitzen und mich hinüber sehnen, mit inniger Seele** (86). Der Ausblick **hinüber,** in eine Ferne jenseits aller Begrenzung, in Wälder und Täler, **die sich meinen Augen so freundlich dämmernd darstellten** (ebd.), auf einen **sanften Fluß** (66) oder einfach **die weite Aussicht** (ebd.) folgt immer perspektivischen Fluchtlinien ins Grenzenlose.

Farben haben diese Landschaftsbilder selten, meistens nur Konturen, langwellige Linienführungen, **ineinander gekettete Hügel und vertrau-**

liche Täler (32). Die andeutende Umrisshaftigkeit der Zeichnung mutet mitunter geradezu abstrakt an. **Dort das Wäldchen! – Ach, könntest du dich in seine Schatten mischen! – Dort die Spitze des Berges! – Ach, könntest du von da die weite Gegend überschauen!** (32) Die Ach-Ausrufe im Konjunktiv – eine Art Irrealis der Vergeblichkeit – gipfeln in dem Wunsch nach einer Selbstauflösung in der Landschaft: **Ach, könnte ich mich in ihnen verlieren!** (ebd.) Die Jenseitsziele der Seele bleiben unbestimmt.

Die Epitheta **lieb** und **mein** erscheinen häufig bei den Ortsangaben – **das liebe Tal, mein Wahlheim** – und scheinen im Gegensatz zur Fernsehnsucht ein heimeliges Diesseitsgefühl, ein liebendes Aufgehen im Gegenwärtigen auszudrücken. Aber auch in dieser innigen Liebesbeziehung zur Landschaft ist etwas Weltflüchtiges. Werther nimmt das Bild der Welt so sehr in sein Inneres hinein, dass es sein Eigenrecht auf Realität verliert. **Ich weiß nicht, ob täuschende Geister um diese Gegend schweben oder ob die warme himmlische Phantasie in meinem Herzen ist, die mir alles rings umher so paradiesisch macht** (8). Nichts löst sich ab von der Person und steht für sich da, wie etwa Jean Pauls schwelgerische Sonnenuntergänge oder Stifters biedermeierliche Kleinmalereien. Dasselbe **warme Gefühl** seines Herzens, **das ringsumher die Welt zu einem Paradiese schuf,** wird ein andermal **zu einem quälenden Geist,** der ihn **auf allen Wegen verfolgt** (60).

In anderen Momenten wieder gerät das Bild der Landschaft ins Fließen. **Da schwimmt alles vor meinen Sinnen** (12), **alles schwimmt und schwankt so vor meiner Seele, daß ich keinen Umriß packen kann** (46), **ich fühlte mich in der überfließenden Fülle wie vergöttert** (60). Emil Staiger sieht in den Werther-Landschaften eine **kühne Verflüssigung des Festen,** ein **Weben, Wallen, Ziehen und Gleiten in grenzenlose Fernen**[109].

Es sind Momente träumerischer Selbst- und Weltentrückung, in denen Werthers Welt ins Fließen gerät. **Das innere, glühende, heilige Leben der Natur** offenbart sich ihm dann.

> **Die herrlichen Gestalten der unendlichen Welt bewegten sich allbelebend in meiner Seele, ungeheure Berge umgaben mich. Abgründe lagen vor mir, und Wetterbäche stürzten herunter, die Flüsse strömten unter mir, und Wald und Gebirge erklang. (60)**

Um solche Zustände seelischer Entgrenzung wieder heraufzubeschwören, sucht er nach perspektivischen Fluchtlinien, die ihn aus dem Gefühl der **Einschränkung, Einkerkerung** und **Bangigkeit** herausführen, blickt **der Sonne nach** (66), **dem Wasser nach** (87) und immer wieder über Hügelketten und Bergkämme. Ein sinnfälliges Bild seines transzendentalen Fernwehs ist der Kranichflug: **Wie oft habe ich mich mit Fittichen eines Kranichs, der über mich hinflog, zu dem Ufer des ungemessenen Meeres gesehnt** (61).

Viele Jahre nach dem *Werther* wiederholt Goethe dieses Bild in der Endfassung des Faust: [...] **und über Flächen, über Seen / der Kranich nach der Heimat strebt** (*Faust I*, 1098 f.). Mephistos Bild des Faust: **und alle Näh und alle Ferne befriedigt nicht die tiefbewegte Brust** könnte auch Werthers Wahlspruch sein. Fausts titanisches Ungenügen an der Welt ist bei ihm allerdings ganz ins Empfindsame gewendet. Im *Urfaust* – bekanntlich im Wertherjahr 1774 fast fertig (Boie) – finden sich auffällige Textanklänge an *Werther:*

Urfaust:	*Werther*:
Flieh! Auf! hinaus ins weite Land! (57)	So muß ich fort, muß hinaus! Und schweife dann weit im Feld umher. (65)
Weh steck ich in dem Kerker noch? (45)	Und ich – muß mich wieder in meinen Käfig sperren. (78)
Ach könnt ich doch auf Bergeshöhn in deinem lieben Lichte gehn (39 f.)	Ach, könntest du dich in seine Schatten mischen (32)

Wie für Faust mündet auch für Werther der Sog der Selbstentgrenzung in den Todeswunsch.

In der Metaphorik von **Nähe** und **Ferne** verbildlicht sich Werthers existenzielle Tragik. Er will den Momenten einer rauschhaft erlebten **unio mystica** mit der Natur Dauer verleihen. Das Scheitern dieses Versuchs stößt ihn in eine **archaisch wilde Verzweiflung.**[110]

3.2.2 Gärten und Bäume

Die Idee des englischen Parks, die sich um 1760 in der deutschen Gartenbaukunst durchzusetzen begann, formulierte Goethe in den *Wahlverwandtschaften:* **Niemand glaubt sich in einem Garten behaglich, der nicht einem freien Land ähnlich sieht; an Kunst, an Zwang soll nichts erinnern, wir wollen völlig frei und unbedingt Atem schöpfen.** (HA 6, S. 418)

Ein Menschenalter zuvor hatte Barthold Heinrich Brockes noch ein ganz anderes Idealbild eines Gartens gezeichnet:

Des Menschen Witz und Fleiß
Den leeren dunckel-braunen Staub
So künstlich einzuschrencken weis,

Daß schön're Züge, Laub-Werck, Bilder
Kein Mathematicus, kein Schilder
Fast mit dem Pinsel malen kann.[111]

Geometrische Blumenmuster, Buchsbaumeinfassungen, in sanften Schnörkeln hinziehend, kunstvoll geschnittene Baumpyramiden aus Taxus und Thuja, alles wie auf dem Reißbrett entworfen, dies war die Lust barocker Gartenkunst. Christian Felix Weiße fragte angesichts eines solchen Gartens: **Eines such ich nur / Ist's möglich, daß was fehlt? / Nichts weiter – die Natur.**[112]

Dagegen entstanden gegen Ende des Jahrhunderts Gärten wie Wörlitz, Aschaffenburg und Bayreuth: breitschattende Baumriesen auf weit geschwungenen Rasenhängen, gewundene Wasserläufe, mit Trauerweiden bestanden, im Sträucherdickicht versteckt ein kleiner Obelisk, alles erfüllt von beseelter Melancholie: der Garten der Wertherzeit. Eine der ersten Handlungen Werthers nach der Ankunft in der Stadt Lottes ist, dass er sich freien Zugang zu den Gartenanlagen eines verstorbenen Grafen verschafft. **Der Garten ist einfach, und man fühlt gleich beim Eintritte, daß nicht ein wissenschaftlicher Gärtner, sondern ein fühlendes Herz den Plan gezeichnet.** (6) **Bald werde ich Herr vom Garten sein,** sagt sich Werther (ebd.) mit einem Anklang an 1. Moses, 2.15: Er fühlt sich als Herr des Gartens Eden.

Dieser Garten verklammert rahmenhaft den ersten mit dem letzten Brief des ersten Buches. Vor seiner Abreise in die Residenz trifft sich Werther dort noch einmal mit Lotte und Albert am Abend im Schatten hoher Kastanien. Die Landschaft verdunkelt sich, den Garten umschweben **alle Schauer der Einsamkeit** (67). Im Mondschein, zwischen hohen Buchenwänden überkommt Werther **ein Gefühl von Tod und Zukunft** (ebd.). Das Gespräch umkreist den Gedanken der Unsterblichkeit: **Wir werden sein!** (ebd.) Die Stimmung von Abschied und Todesahnung mischt sich mit der Szenerie des nächtlichen Parks. Der Garten wird zur Bühne der Seele, zu einem melancholischen Gefühlsschauplatz.

Werther liebt solche Schattenplätze: die Brunnengrotte vor dem Ort, die Linden von Wahlheim. Die hellen, heiteren Frühlingsbilder wie in den Briefen vom 4. und 10. Mai sind eher die Ausnahme und Kontrast zu vertraulich dämmerigen. Da ist **Schauerliches [...], hohe Bäume [...], Kühle** (8). Der Pfarrgarten von St., **eine Stunde seitwärts im Gebirge** (34), mit seinen **schönen Nußbäumen, die uns so lieblich beschatteten** (35), weckt Heimatgefühle in ihm. Einer dieser Bäume ist zur Geburt der alten Pfarrfrau gepflanzt worden. Der das Leben eines Menschen überdauernde Baum wird zum Symbol für seine Verwurzelung in der Natur.

Nach seiner Rückkehr aus der Residenz findet Werther, ohnehin in umdüsterter Stimmung, zu seinem Entsetzen **die herrlichen Nußbäume** (96) nicht mehr vor. Er erinnert sich, **wie vertraulich sie den Pfarrhof machten, wie kühl!** (ebd.) Die neue Pfarrfrau hat sie fällen lassen, **ein hageres, kränkliches Geschöpf,** das seine Gefühllosigkeit auch dadurch zum Ausdruck bringt, dass sie in der **neumodischen** Aufklärungstheologie von Semler und Kennikot dilettiert und von Lavater nichts wissen will (97). Ihr ist Liebesbeziehung zur Natur fremd. Die Bäume **nahmen ihr das Tageslicht,** sie fühlte sich von den abfallenden Blättern gestört. Ihre rein ökonomisch dinghafte Beziehung zur Welt reguliert sich nur nach den Kriterien von Nutzen und Nachteil. Werthers Naturvorstellung dagegen ist geradezu magisch-animistisch; alles ist beseelt, jedes Lebewesen möchte er **näher an seinem Herzen** fühlen (7). Bäume sind für ihn Wahrzeichen der Ruhe, der Heimkehr und Einkehr. Bei der Reise in seinen Heimatort sucht er als Erstes die Linde vor dem Ort auf, wo er vor Zeiten **sich in glücklicher Unwissenheit** geborgen gefühlt hatte (86). Unter den Linden am Kirchplatz von Wahlheim, einem Ort, **so vertraulich, so heimlich** (14), will er schließlich begraben sein (148 f.). So wird ihm der Baum zum Sinnbild der letzten Einkehr, des Todes, ein Motiv, das in die deutsche romantische und neuromantische Poesie einging, in Müller/Schuberts Lied vom Lindenbaum vor dem Tore z. B., von Thomas Mann im *Zauberberg* als Ausdruck spätbürgerlicher Todesverfallenheit variiert. Die Werthergeneration sah in dunkel schattenden Bäumen und empfindsam gestalteten Landschaftsgärten Orte des Einklangs von Seele und Welt.

Da ist der Fels und der Baum und hier der rauschende Strom [...] Hier ist der Baum und der Fels! Salgar! Mein Lieber! Hier bin ich [...] Hier will ich wohnen mit meinen Freunden an dem Strome des klingenden Felsens (132 f.),

deklamiert Werther aus *Ossian* bei seiner letzten Begegnung mit Lotte. Jenseitssymbolik klingt an. Schon das erste Buch des Romans endete mit einem zarten Bild des Abschieds und der Entrückung im Schattenhaften: [...] **und sah noch dort unten im Schatten der hohen Lindenbäume ihr weißes Kleid nach der Gartentür schimmern; ich streckte meine Arme aus, und es verschwand.** (70)

3.2.3 Wahlheim und das Hüttchen

Die **Hütte** als Motiv idyllischer Dichtung kommt aus der bukolischen Hirtenpoesie von Geßner, Uz und Gleim (s. 2.2 dieser Arbeit):

Hier, wo wir in Hüttchen wohnen,
Seh ich nicht Perlen und nicht Kronen,
Doch seh ich Veilchen und Jasmin.[113]

GOETHE hat das Thema mit neuem Symbolgehalt erfüllt und in vielfachen Variationen bis ins Spätwerk verwendet (z. B. *FAUST II*, 11048).

Im *WERTHER* ist die Hütte der ersehnte Rast- und Ruhepunkt des unruhigen Wanderers. **So sehnt sich der unruhige Vagabund zuletzt wieder nach seinem Vaterland und findet in seiner Hütte** [...] **die Wonne, die er in der Welt vergeblich suchte** (32). Die Hütte gewährt **Beschränkung im engen Kreis.**[114]

Diese Sehnsucht nach Einkehr im Umgrenzten steht nur scheinbar im Gegensatz zu Werthers Flucht aus der Einengung. Ein **polares Schema von Weltwanderertum und idyllischer Ruhe** sieht Günther Müller darin ausgedrückt.[115] Im Brief vom 22. Mai klagt Werther noch über die **Einschränkung** der **tätigen und forschenden Kräfte des Menschen,** über die **Einsperrung** im sinn- und ziellosen Kreis des bürgerlichen Erwerbslebens (12), aber schon im nächsten Brief beschreibt er seine Neigung **sich anzubauen** [...], **an einem vertraulichen Ort ein Hüttchen aufzuschlagen und da mit aller Einschränkung zu herbergen** (14).

Das **Hüttchenidyll** von Wahlheim ist im Gegensatz zur Unnatur des Rokoko ein Stück gewachsener Natur. Hier findet Werther zu seiner Zeichenkunst zurück. Ein Kirchplatz, zwei Linden, Bauernhäuser, ein Scheunentor, ein Pflug, zerbrochene Wagenräder, auf der Erde sitzend ein vierjähriger Knabe mit seinem halbjährigen Brüderchen auf dem Schoß: **Ich zeichnete die brüderliche Stellung mit vielem Ergetzen, ohne das Mindeste von dem Meinen hinzuzutun** (15). In solchen unwillkürlichen, idyllischen Gruppierungen sieht er die Grenze zwischen Kunst und Natur durchbrochen. Er ist in seinem Vorsatz bestärkt sich **künftig allein an die Natur zu halten. Sie allein ist unendlich reich, und sie allein bildet den großen Künstler** (ebd.). Das **Hüttchen** weitet sich zum unendlichen Raum ursprünglichen Lebens; Seele und Welt stehen sich einander nicht mehr fremd gegenüber, Werther sieht sein Inneres endlich ganz im Einklang mit dem Äußeren. In der Enge und **Eingeschränktheit** von Wahlheim fühlt er sich befreit, während er sich in der großräumigen Welt der höfischen Gesellschaft in einen **Käfig** gesperrt sieht (78). Wahlheim liegt **nahe am Himmel** (30). Hier darf der wohlhabende Bürgerssohn auch alle Manieren und Verhaltensnormen seiner Kaste vergessen. Er pflückt sich selbst seine Zuckererbsen im Wirtsgarten, **fädnet** sie ab und setzt sie aufs Herdfeuer, liest Homer und fühlt sich in patriarchalische Urzeiten zurückversetzt. Die Standesunterschiede sind aufgehoben, die **Gewohnheiten des Bedientwerdens** abgelegt. Die Einkehr ins Dörfliche, ins **Hüttchen,** wird zur Protestgebärde gegen die Rokokogesellschaft. Werther fühlt sich hier wieder als Künstler, als Genie, befreit von aller Regelhaftigkeit. **Warum der Strom des Genies so**

selten ausbricht? Liebe Freunde, da wohnen die gelassenen Herren auf beiden Seiten des Ufers, denen ihre Gartenhäuschen, Tulpenbeete und Krautfelder zugrunde gehen würden [...] (16). Kunst und Natur, Liebe und Leben schließen sich in der Lebensform des **Hüttchens** wieder zur Einheit zusammen.

1772 rezensierte GOETHE in den ***Frankfurter Gelehrten Anzeigen*** die gesammelten *GEDICHTE EINES POLNISCHEN JUDEN* aus Mitau. Die Gedichte selbst tut GOETHE ganz beiläufig als ein mittelmäßiges Kunstprodukt spätanakreontischer Poesie ab. Die Rezension diente ihm offenbar nur als Schreibanlass um ein neues Programm von Kunst und Dichtung zu entwerfen. Er zeichnet das Bild eines Jünglings **voller Jugendkraft und Munterkeit** und seines Mädchens, **deren Seele ganz Güte, zugleich mit einer Gestalt ganz Anmuth**, die **sich im stillen Familienkreis häuslicher thätiger Liebe glücklich entfaltet hat.**[116] Einige Züge des Werther-themas und das Bild der Lotte sind hier vorentworfen. Zugleich aber formuliert sich ein neuer Begriff von Poesie, in den Herders Volksliedidee hineinspielt. GOETHES Jüngling wird durch sein Liebesgefühl zum Dichter, er findet in seiner Begeisterung ganz unwillkürlich zur **Poesie als Muttersprache des menschlichen Geschlechtes** (Hamann) zurück. **Wahrheit wird in seinen Liedern seyn, und lebendige Schönheit** (ebd.).

In diesem neuen Typus des *Jünglingsdichters* verkörpert sich ursprüngliches, unverfälschtes Empfinden, das unmittelbar zum Gesang wird. **Und dann lall er ahndend und hoffend und genießend** (ebd.). Diese Unmittelbarkeit des Gefühlsausdrucks gegen alle Sprach- und Kunstregel kommt auch im ersten Wahlheim-Brief Werthers zum Ausdruck: [...] **alle Regel wird, man rede, was man wolle, das wahre Gefühl von Natur und den wahren Ausdruck desselben zerstören** (15). In Wahlheim fühlt Werther sich befreit von Regel und Zwang; hier verdichtet sich seine Utopie einer wiedergewonnenen Einheit von Herz und Welt, Gefühl und Denken, Natur und Kultur.

3.2.4 Arkadische und ossianische Landschaften

Der Ossian-Kult (s. Kap. 2.3 d. A.) war zur Wertherzeit schon am Ausklingen. Im Grunde war auch der Wetzlarer GOETHE dieser Straßburger Jugendschwärmerei bereits entwachsen. Es war Pindar, in dem er jetzt **ganz wohnte** (an Herder, Juli 1772). Aus ihm las er heraus, **was ihm Mut zu sich selbst machte.**[117] Das Klassische als **das Gesunde**, der griechische Mensch als **Sohn der Natur** bleibt in den nächsten Lebensjahrzehnten bis zur späten gegenklassischen Wandlung der bestimmende Einfluss. **Das homerische Licht ging uns neu wieder auf** (D. u. W. III, 12). Sicher spielt auch die instinktive Emanzipation von dem Jugendfreund

Herder hinein; die nachwertherische Abkehr von der Empfindsamkeit bedeutet aber vor allem eine Abstoßung ihrer lebensfeindlichen, weltflüchtigen und zerrüttenden Tendenzen. Ossian wurde für den späten GOETHE geradezu zum Symptom einer seelischen Verwirrung. **Werther pries den Homer, als er noch völlig bei Sinnen war, dagegen den Ossian, als er verrückt wurde.**[118]

Die patriarchalisch geordnete, volkstümlich gesunde, einfache, helle und klare Welt, deren Bild Werther in **seinem Homer** fand, dient als Kontrastbild zu seiner späteren Verdüsterung. Der Wildbacher Brunnen in Wetzlar wird zum Sinnbild eines urtümlich unterbrochenen Glückszustandes stilisiert:

> **Da ist gleich vor dem Orte ein Brunnen, an den ich gebannt bin wie Melusine mit ihren Schwestern. – Du gehst einen kleinen Hügel hinunter und findest dich vor einem Gewölbe, da wohl zwanzig Stufen hinabgehen, wo unten das klarste Wasser aus Marmorfelsen quillt.** (8)

An diesem Ort lässt GOETHE eine kleine episodische Kurzszene spielen, die in ihrer epischen Gedrängtheit schon auf den Dichter der Weimarer Klassik vorausweist:

> **Letzthin kam ich zum Brunnen und fand ein junges Dienstmädchen, das ihr Gefäß auf die unterste Treppe gesetzt hatte, und sich umsah, ob keine Kameradin kommen wollte, ihr es auf den Kopf zu helfen. Ich stieg hinunter und sah sie an. – Soll ich Ihr helfen, Jungfer? sagte ich – Sie ward rot über und über.** (10)

Die Ausschnitte aus *OSSIAN*, die Werther bei der letzten Begegnung mit Lotte vorliest, stehen mit ihrer verschwimmenden Konturlosigkeit dazu in starkem Kontrast. Es herrscht **dämmernde Nacht**, man hört **von ferne des Gießbachs Murmeln, das Gesumme der Abendfliegen übers Feld** und **düster ward's in der Seele des Helden** (131). Der Mangel an Plastizität und bildlicher Einheit wird ersetzt durch eine fließende Stimmung, ein Gewirr von Stimmen und Geräuschen, ein ständiges **Murmeln, Rauschen und Summen.** Ossian scheint immer zu lauschen, nicht zu sehen. Er war, wie der Sage nach auch Homer, blind.

Werther übernimmt am Ende des Romans diese Sprache. Er lebt nun ganz in Ossians Nebelwelt. **Ossian hat in meinem Herzen den Homer verdrängt** (98). Er sieht sich **wandern über die Heide, umsaust vom Sturmwinde, der in dampfenden Nebeln die Geister der Väter im dämmernden Licht des Mondes hinführt** (ebd.).

Von der Auflösung der landschaftlichen Konturen zur Selbstauflösung ist es nur ein Schritt. Das melancholische Stimmungsbild aus Klagetönen und waberndem Licht gipfelt im Todesrausch. **O Freund! Ich möchte gleich einem edlen Waffenträger das Schwert ziehen, meinen**

Fürsten von der zückenden Qual des langsam absterbenden Lebens auf einmal befreien und dem befreiten Halbgott meine Seele nachsenden (99).

Den Nebel- und Nachtbildern des Romanschlusses stehen die klar umrissenen, hellen und frühlingshaften Bilder des Anfangs gegenüber: **Der tröpfelnde Wald und das erfrischte Feld umher!** (30), **Es donnerte abseitwärts, und der herrliche Regen säuselte auf das Land, und der erquickende Wohlgeruch stieg in aller Fülle einer warmen Luft zu uns auf** (ebd.). Mit dem unausgesprochenen Klopstockzitat verbindet sich die sinnenhafte Frische eines ungebrochenen Natur- und Lebensgefühls. Der von Todesahnungen bedrückte, als Geschlagener aus der Welt des Hofes zurückkehrende Werther bringt seine Trauer um den verlorenen Glückszustand in einer Klage um die verlorene Welt des Homer zum Ausdruck: **Sieh, mein Lieber, so beschränkt und so glücklich waren die glücklichen Altväter, so kindlich ihr Gefühl, ihre Dichtung! Wenn Ulyß von dem ungemeßnen Meer spricht, das ist so wahr** (87).

Der Weg von Homer zu Ossian symbolisiert das Entgleiten Werthers aus der Wirklichkeit ins Wesenlose und Scheinhafte, aus dem Einklang mit Natur und Menschen in den Lebensekel.

3.2.5 Einschränkung und Entgrenzung

Das Verlangen aus dem Eingeschränkten und Bedingten ins Unendliche, Schrankenlose ist der Grundzug von Werthers Wesen.
(Thomas Mann, *WERTHER*-Essay)

Das spinozistische Denkproblem vom Gegensatz einer unendlichen Substanz zur beschränkten Existenz, das GOETHE sein Leben lang in immer neuen Formulierungen umkreiste, fand im *WERTHER* seinen dichterischen Ausdruck. Philosophisch fasste er es später in die Begriffe **Verselbstung und Entselbstigung, Kontraktion und Expansion, Systole und Diastole.** Im Leiden unter der Kerkerhaftigkeit des Daseins und der **seligen Sehnsucht** nach seiner Übersteigung sah er sein Lebensgesetz.

In der Tagebuchnotiz vom 17.5.1808 findet sich die Definition: **Diastole [...] das Fortgehen ins Unendliche.** Werther vertritt dieses Prinzip in maßloser Einseitigkeit. Er ist besessen von der Sehnsucht **aus dem schäumenden Becher des Unendlichen jene schwellende Lebenswonne zu trinken und nur einen Augenblick in der eingeschränkten Kraft meines Busens einen Tropfen der Seligkeit des Wesens zu fühlen, das alles in sich und durch sich hervorbringt** (61).

Immer wieder aber fühlt er sich zurückgeworfen auf seine **Armut** und **Eingeschränktheit** und empfindet **das Bange** seines Zustandes (ebd.). Er ist damit eine Gegenfigur zum Faustfamulus Wagner, der sich in seiner Naturferne und Gefühlsfremdheit nur **des einen Triebs** bewußt ist, des **kalten, nüchternen wissenschaftlichen Strebens,** wie GOETHE es in einer Kommentarnotiz zum *FAUST* nennt. Werther ergibt sich einem schrankenlosen, entgrenzenden Irrationalismus; nur in **Wahn, Rausch** und **Taumel** findet er Erfüllung. **Meine Leidenschaften waren nie weit vom Wahnsinn, und beides reut mich nicht** (54). Er fühlt sich am glücklichsten, wenn Gott ihn **in freundlichem Wahne so hintaumeln läßt** (41). Es fehlt ihm völlig am Gegenrhythmus, der Systole, dem **Dank an Gott, wenn er uns preßt.**[119] Wenn seine Seele aus ihrem Glücksaufschwung wieder **ins Enge gepreßt** wird (58), erwächst daraus die **Krankheit zum Tode** (56).

Sollte man diese Krankheit mit Begriffen der modernen Psychopathologie beschreiben? Hans Reiss[120] tut es, wenn er in Werther **das Urbild eines Neurotikers** sieht und im ganzen Roman **einen Zyklus von Krankheitsbildern.**[121] Das kann aber allenfalls für den Schluss des Romans gelten, an dem sich Werthers Zustand tatsächlich ins Psychotische steigert. Bis weit ins zweite Buch hinein lässt sich das Ungenügen Werthers an der Welt auch aus deren ungenügendem Zustand begründen. Ulrich Plenzdorf sieht darin einen auch in der Industriegesellschaft verbreiteten jugendlichen Radikalismus der Selbstverwirklichung, der **neue Leiden** heraufführt (s. a. Kap. 5.2 d. A.). Werther hat Gründe zur Rebellion, die in den gesellschaftlichen Zuständen seiner Zeit liegen. **Wenn ich die Einschränkung ansehe, in welcher die tätigen und forschenden Kräfte des Menschen eingesperrt sind, wenn ich sehe, wie alle Wirksamkeit darauf hinausläuft, sich die Befriedigung von Bedürfnissen zu verschaffen [...], das alles, Wilhelm, macht mich stumm** (12).

Seine Rebellion richtet sich gegen die **fatalen bürgerlichen Verhältnisse** (75), gegen **das Joch** (74), die **Galeere** (ebd.), das **einförmige Ding** (10), gegen Gefühlsstumpfheit, Borniertheit und Standesdünkel, gegen Amtskarrierismus, Klatschsucht und das ganze dumpf banausische Erwerbsleben schlechthin. **Die meisten verarbeiten den größten Teil der Zeit, um zu leben, und das bißchen, das ihnen von Freiheit übrig bleibt, ängstigt sie so, daß sie alle Mittel aufsuchen, um es los zu werden** (10). **Ach, das engt das ganze Herz so ein** (11). Die Erlösung aus dieser Enge sucht er in seinen pantheisierenden Gefühlsaufschwüngen, die ihm aber immer seltener gelingen wollen. **Was meines Lebens einzige Wonne war, die heilig belebende Kraft, mit der ich Welten um mich schuf: sie ist dahin.** (102) Der Umschwung setzt ein mit der Kündigung der Gesandtschaftskarriere, seit den Märzbriefen 1772 also. Jetzt wird der Ausdruck der Verzweiflung radikaler, nimmt zu und steigert sich zur selbstzerstörerischen Manie: [...] **eine Ader öffnen, die mir die ewige Freiheit schaffte** [...] **ein Messer, um diesem gedrängten Herzen Luft zu machen** [...] **sich selbst eine Ader aufbeißen, um sich zum Atem zu helfen** (84), [...] **die Brust zerreißen und das Gehirn einstoßen** (101), [...] **die Wolken zu zerreißen** (120). Sein jugendlich ungestümes Aufbegehren gegen die Kerkerhaftigkeit der sozialen Welt ist umgeschlagen in einen pathologischen Welthass.

3.3 Das Bild der Gesellschaft

In jener einstündigen Audienz am 2. Oktober 1808, die Napoleon Bonaparte am Rande des Erfurter Fürstentages GOETHE gewährte und an deren Schluss das Wort **voilà, un homme!** gefallen sein soll, brachte der Kaiser bekanntlich die Rede auf den *WERTHER*. Nach der Versicherung, dass er ihn sieben Mal gelesen habe, bemängelte er, was er als thematischen Bruch im Erzählgang ansah, nämlich **eine Vermischung der Motive des gekränkten Ehrgeizes mit denen der leidenschaftlichen Liebe.**[122] (Er meinte zweifellos die verunglückte Gesandtschaftskarriere Werthers.) **Das ist nicht naturgemäß**, sagte er, **es schwächt bei dem Leser die Vorstellung von dem übermächtigen Einfluß, den die Liebe auf Werther gehabt. Warum haben Sie das gemacht?** (ebd.)

Heinrich Heine wird einige Jahrzehnte später ganz anders urteilen. **Wäre der *WERTHER* in unseren Tagen erschienen, so hätte diese Partie des Buches, nämlich die Erzählung, wie der junge Werther aus der hochadligen Gesellschaft höflichst hinausgewiesen wird, weit bedeutsamer die Gemüter aufgeregt als der ganze Pistolenknalleffekt.**[123]

Nach dem Bericht des Kanzlers Müller soll GOETHE auf die Kritik Napoleons ausweichend mit dem Hinweis auf einen poetischen **Kunstgriff** geantwortet haben. Damit hat er der Gesandtschaftsepisode nur eine kompositorische Funktion zugewiesen, nämlich die der erzählerischen Verklammerung der beiden Romanteile. Aber ist sie nicht mehr?

Die Briefe vom Oktober 1771 bis März des nächsten Jahres zeigen wenn auch keine revolutionären, so doch kräftig aufbegehrerische Züge. Werther tritt aus seiner Innerlichkeit heraus und begibt sich in eine Auseinandersetzung mit realen gesellschaftlichen Mächten, denen er unterliegt, aber sich nicht unterwirft. Auf jeden Fall ist es eine ironische Pointe, dass der Revolutionsgeneral die revolutionären Motive des Romans verwirft.

Die Revolutionäre des 19. Jahrhunderts entdeckten sie neu. Der Proudhonist Karl Grün[124] verband mit ihnen sein Bekenntnis zur revolutionären Aktion:

> Auch heute opponieren wir wieder gegen das schleppende, geistlose bürgerliche Leben; aber wir halten ihm nicht mehr die Ausflucht zum Selbstmorde oder die Gestaltung dieser Ausflucht zu einem Roman entgegen. Einer von beiden muß jetzt weichen, das bürgerliche Leben oder wir.[125]

Geradezu wütend aber widersprach ihm Friedrich Engels:

> Dieser Jammerschrei jenes schwärmerischen Tränensacks Werther über den Abstand der bürgerlichen Wirklichkeit und seinen nicht minder bürgerlichen Illusionen über diese Wirklichkeit, dieser mattherzige, einzig auf Mangel an der ordinärsten Erfahrung beruhende Stoßseufzer wird von Herrn Grün auf S. 84 für tiefschneidende Kritik der Gesellschaft ausgegeben (bei Lifschitz, S. 200).

In unserem Jahrhundert wiederum vernahm der Marxist Georg Lukács, unter Berufung übrigens auf Engels' Literaturtheorie vom *Triumph des Realismus*, im *Werther* deutlich die Signale der heraufziehenden Französischen Revolution:

> So wie die Helden der Französischen Revolution, von heroischen, geschichtlich notwendigen Illusionen erfüllt, heldenhaft strahlend in den Tod gingen, so geht auch Werther in der Morgenröte der heroischen Illusionen des Humanismus [...] tragisch unter.[120]

In Lukács' Gefolge hat die marxistische Literaturwissenschaft der jüngsten Vergangenheit die sozialkritischen Tendenzen des *Werther* als Widerspiegelung revolutionärer bürgerlicher Ideologie interpretiert und überinterpretiert.

Dass sich die Erzählung von Werther in der Residenz auch in ihrem Erzählton deutlich von den anderen Romanpartien abhebt, ist allerdings unübersehbar. Der naturschwärmende Verliebte erscheint hier als ein scharfsichtiger, empörter, bissiger, ja bisweilen aggressiver Kritiker der erstarrten Hof- und Schranzengesellschaft einer kleinstaatlichen deutschen Residenz. Seine Typencharakterisierungen von Höflingen und Hofdamen sind umrissscharfe, derb verzerrende Karikaturen. Der liebevoll verschleiernde Nebelglanz, das **Dämmern der Augen** (7) hat sich gelichtet, die Welt gewinnt scharfe Konturen und erscheint als reale gesellschaftliche Arena, in der verbissen um kleine Karrierevorteile und Gunstbeziehungen gekämpft wird. Eine mediokre Kleinadelsschicht verteidigt mit kleinlicher Eifersucht die Exklusivität ihrer adligen Teegesellschaften. Die wirklich vornehme Gesellschaft hält sich zwar in nobler Distanz zu dem liebedienerischen Höflingswesen, gibt auch bisweilen geistvoll überlegen seine Vorurteilslosigkeit zu erkennen, ist aber nicht imstande dem zu helfen, der, wie Werther, mit Klatsch und Boshaftigkeit aus dieser Gesellschaft verdrängt wird.

Aber nicht nur gegen die Adelsgesellschaft richtet sich Werthers Zorn, auch die in einem lächerlichen Bildungshochmut erstarrten Vertreter des aufgeklärten Bürgertums werden sozialkritisch entlarvt. Ihre Protagonisten sind ein kinderfeindlicher Medikus, die theologisierende Pfarrfrau oder ein gemüt- und humorloser Biedermann (41). Werthers Liebe gilt den einfachen, innig liebesfähigen Gestalten aus dem niederen Volk, dem Bauernknecht, der Tochter des Schulmeisters, der Dienstmagd am Brunnen (s. a. Kap. 3.5 d. A.). **Diese Liebe, diese Treue, diese Leidenschaft [...], sie lebt, sie ist in ihrer größten Reinheit unter der Klasse von Menschen, die wir ungebildet, die wir roh nennen** (94).

Sie sind der Antitypus zur degenerierten Adelskaste, **deren ganze Seele nur auf dem Zeremoniell ruht** (76). Diese wird zum Gegenstand eines sarkastischen Spottes. **Wie sie nur wachen und aufpassen, einander ein Schrittchen abzugewinnen** (74); **das glänzende Elend, die Langeweile unter dem garstigen Volke [...], die Rangsucht unter ihnen [...], die elendesten, erbärmlichsten Leidenschaften, ganz ohne Röckchen** (ebd.). Werther berichtet von einer **Alten** (in der Urfassung: **alte Schachtel**) und karikiert sie in einer bissigen Kurzbiografie von 20 Zeilen als geistlose, dünkelhafte Person (75 f.), von Hofschranzen und Karrieristen, **deren Dichten und Trachten jahrelang dahin geht, wie sie um einen Stuhl weiter bei Tische sich einschieben wollen** (76). – **Da tritt herein die übergnädige Dame von S. mit ihrem Herrn Gemahle und wohl ausgebrüteten Gänslein Tochter mit der flachen Brust und niedlichem Schnürleibe** (81), dann **der Baron F. mit der ganzen Garderobe von der Krönungszeit Franz des Ersten her, der Hofrat R. mit seiner tauben Frau usw.** (ebd.) Werther, der vermögende Bürgersohn, für den ein Bittbrief an die Mutter genügt um ihm neue Geldmittel zuzuführen (85), sieht in seinem Hofdienst mehr eine freiwillige Bewährungsprobe im Praktischen als einen Broterwerb. Er lebt in größerer materieller Unabhängigkeit als mancher der schlecht dotierten armen Adligen am Hofe, deren Dürftigkeit und ansprüchliches Gehabe er verachtet: **Kein anständiges Vermögen, kein Geist, keine Stütze als die Reihe ihrer Vorfahren** (75). Ihm dagegen dient das Amt zur Bewältigung seiner inneren Schwierigkeiten. **Ich sollte mich irgendeinem Geschäfte widmen** (63). Auch seine Mutter möchte ihn **in Aktivität haben** (46). Er beneidet Albert, den er **über die Ohren in Akten begraben sieht** (63), und klagt darüber, dass seine **tätigen Kräfte zu einer unruhigen Lässigkeit verstimmt sind** (62). Die **Forderung des Tages** soll ihn von seiner Liebeskrankheit heilen.

Diese Kur misslingt. Schon vier Monate nach seinem Amtsantritt in der Gesandtschaft will er wegen eines **sanften Verweises** (79) den Dienst wieder aufkündigen. Sein unmittelbarer Vorgesetzter macht ihm **viel**

Verdruß (73). Sie geraten aneinander über Fragen des Briefstils. Die ins Formelhafte erstarrte Kanzleisprache ist dem genialischen Werther ein Gräuel. Der Gesandte beharrt auf strikter Einhaltung von Regel und Muster und pfuscht dem jungen Sekretär in seine geniesprachlichen Entwürfe hinein. **Wenn man seine Perioden nicht nach der hergebrachten Melodie heraborgelt, so versteht er gar nichts drin** (73).

Werther trifft aber auch auf achtbare Adlige, den hochherzigen Grafen z. B. und den Minister, dem er einen **hohen, edlen, weisen Sinn** zuspricht, vor dem er innerlich **niederkniet** (79). Und schließlich begegnet er dem Fräulein von B., einer schönen Seele, die ihn an Lotte erinnert, **ein liebenswürdiges Geschöpf, das sehr viel Natur mitten in dem steifen Leben erhalten hat** (75). **Sie hat viel Seele, die aus ihren blauen Augen hervorblickt** (ebd.). Zwischen ihr und Werther entsteht eine innig empfindsame Gesprächsfreundschaft im Bekenntniston gleich gestimmter Seelen, frei von Standesvorurteilen und höfischer Etikette. Umso bitterer empfindet es Werther, dass gerade diese Beziehung es ist, die den Eklat in der Hofgesellschaft veranlasst und zu seiner endgültigen Demission führt. Das geringe Versäumnis, sich rechtzeitig und unauffällig aus einer exklusiven Geselligkeit standesbewusster Adliger zu entfernen, ergab sich aus seiner innigen Gesprächsversunkenheit. **Ich gab nur auf meine B … acht** (81). Der Hofklatsch macht daraus eine Affäre; Werther fühlt sich unerträglich düpiert, er quittiert den Dienst.

Aber weder GOETHE noch sein Held werden darüber zum Sozialrevolutionär. Werther erfährt zum Abschied die Genugtuung, dass der Erbprinz ihm fünfundzwanzig Dukaten schickt **mit einem Wort,** das ihn **bis zu Tränen gerührt hat,** und dass ein Fürst, der **viel[en] Geschmack** an seiner **Gesellschaft findet,** ihn auf seine Güter einlädt (85). Sein Aufbegehren richtet sich nicht gegen die ständische Ordnung an sich, sondern gegen deren erstarrte Konventionen. Es ist ein Protest der Empfindsamkeit.

In Weimar wird GOETHE einen Hof finden, der die höfischen Formen im anmutig geistreichen Spiel zu parodieren versteht. Bildung, Kunst und Literatur dienten im Deutschland des 18. Jahrhunderts als Brücke über die Standesgrenzen. Die politische Sprengkraft der Französischen Revolution wurde hier entschärft durch eine neue bürgerliche Gefühlskultur.

3.4 Das Bild des Menschen – Charakterisierung aus der Ichperspektive

Abgesehen von den Einschüben auktorialer Erzählweise in den Herausgeberberichten erscheinen uns Welt und Menschen des Romans nur aus dem Blickwinkel des Icherzählers Werther. In seinen leidenschaftlichen

Übersteigerungen und seiner subjektiven Weltsicht charakterisiert er mit den Gegenständen seiner Erzählung immer auch den Erzähler, sich selbst. Dieser emotional erregte, expressiv hochgetriebene Darstellungsstil wurde von zahlreichen Zeitgenossen des jungen GOETHE nachgeahmt. In seiner Generation wurde es Mode, **wertherisch** zu schreiben, zu sprechen, zu fühlen und zu leben.

Der Wertherstil ist dabei keineswegs unpräzise, konturlos oder gar verschwommen. Wielands *AGATHON*, sieben Jahre vor *WERTHER* erschienen, ist noch ganz im Stil lehrhafter Rokokopoesie erzählt. Die Gegenüberstellung zweier motivgleicher Passagen aus *AGATHON* und *WERTHER* (das gefühlvolle Schweigen der Liebenden) kann den Stilkontrast verdeutlichen:

Sie schwiegen eine lange Zeit. Dasjenige, was sie empfanden, war über allen Ausdruck. Und wozu hätten sie noch der Worte bedurft? Der Gebrauch der Sprache hört auf, wenn sich die Seelen einander unmittelbar mitteilen, sich unmittelbar anschauen und berühren und in einem Augenblick mehr empfinden, als die Zunge der Musen selbst in ganzen Jahren auszusprechen vermöchte.
(Wieland, *GESCHICHTE DES AGATHON*, dtv 2120, S. 38)

Sie stand auf ihren Ellenbogen gestützt, ihr Blick durchdrang die Gegend, sie sah gen Himmel auf und auf mich, ich sah ihr Auge tränenvoll, sie legte ihre Hand auf die meinige […] Ich ertrug's nicht, neigte mich über ihre Hand und küßte sie unter den wonnevollsten Tränen.
(Goethe, *DIE LEIDEN DES JUNGEN WERTHER*, S.30)

Der Moment des seelischen Gleichklangs wird von dem Rokokodichter geradezu entsinnlicht. Das unmittelbare Erlebnis ist durch eine lehrhafte Betrachtung ins Gedankliche entrückt. Der Dichter als weiser, distanzierter Beobachter setzt auch seinen Leser in eine Position überlegener Distanziertheit.

Der schwärmerische Gefühlston Werthers dagegen zieht den Leser in seine Gefühlswelt hinein. Eine Kette seelenvoll empfindsamer Handlungen stellt das Ereignis sinnlich anschaulich vor Augen. Werther macht aus seiner subjektiven Sicht sein Leben und seine Liebe objektiv erfahrbar.

3.4.1 Das Ich als Wanderer

Werther ist ständig unterwegs. In seiner Wohnung sehen wir ihn erst unmittelbar vor seinem Tod. Der Frankfurter GOETHE von 1773, der aus dem Salon davonstürzte, den galonierten Rock mit dem grauen Biberfrack vertauschte, um dem Jupiter Pluvius entgegenzustürmen (nach einem Brief an Auguste von Stolberg), hat sich hier offenbar selbst zum Modell genommen.

Dabei haben Werthers Wanderungen oft etwas Fluchtartiges, Spontanes. Sie sind Befreiungsakte aus innerer Beklemmung. **So muß ich fort, muß hinaus! [...] weit im Feld umher.** (65), **Nachts nach Eilfe rannte ich hinaus** (119). Es sind oft ziellose Bewegungen eines Getriebenen. **Ich eilte hin und kehrte zurück und hatte nicht gefunden, was ich hoffte** (32).

Das **Hinausstürzen, sich Wegreißen** erfolgt immer nach einer starken inneren Erregung aus übervollem Herzen, nach seiner leidenschaftlichen Auseinandersetzung mit Albert über den Selbstmord zum Beispiel, wo er mitten in der Rede abbricht: **Vielmehr – ein andermal davon, sage ich und griff nach meinem Hute. O, mir war das Herz so voll** (58). Auch nach dem Eklat in der Hofgesellschaft fuhr er ins Land, **dort vom Hügel die Sonne untergehen zu sehen** (82). Mitunter treibt es ihn die ganze Nacht um. **Wenn ich vor Müdigkeit und Durst manchmal unterwegs liegenbleibe, manchmal in der tiefen Nacht, wenn der hohe Vollmond über mir steht, im einsamen Walde auf einen krummgewachsenen Baum mich setze, um meinen verwundeten Sohlen nur einige Linderung zu verschaffen, und dann in einer ermattenden Ruhe in dem Dämmerschein hinschlummere! O Wilhelm!** (65)

Von seiner letzten Begegnung mit Lotte **riß er sich weg** (140) zu einer nächtlichen Wanderung durch Regen und Schnee. **Er kam aus dem Stadttor. Die Wächter, die ihn schon gewohnt waren, ließen ihn stillschweigend hinaus** (ebd.). Und dann die letzte Wanderung: **Er ging wieder vors Tor, ungeachtet des Regens, in den gräflichen Garten, schweifte weiter in der Gegend umher und kam mit anbrechender Nacht zurück** (147).

Werther ist sich bewusst, dass er auf all seinen Wanderungen dem Zug seines Herzens folgt. **Wo ich hin will? Ich habe mir weis gemacht, daß ich die Bergwerke im ***schen besuchen wollte; ist aber im Grunde nichts dran, ich will nur Lotte wieder näher, das ist alles** (89).

Das romantische Motiv des gefühlvollen Wanderns (Novalis: **Wohin ziehst du mich, Fülle meines Herzens?**) ist von GOETHE vorgeprägt. Als **Wallfahrt** bezeichnet Werther eine seiner Gefühlsreisen, **mit aller Andacht eines Pilgrims vollendet** (86), und überhöht diesen Vergleich ins Symbolische: **Ja, wohl bin ich nur ein Wanderer, ein Waller auf der Erde! Seid Ihr denn mehr?** (89)

3.4.2 Das Bild Lottes

Die Mädchengestalt in GOETHES Rezension der *GEDICHTE EINES POLNISCHEN JUDEN* (***Frankfurter Gelehrte Anzeigen*** 8/1772) ist ein Vorentwurf der Lotte Werthers: **Ein Mädchen, deren Seele ganz Güte [...],**

Liebling, Freundin, Beystand ihrer Mutter, die zweite Mutter ihres Hauses [...], deren stets liebwürkende Seele jedes Herz unwiderstehlich an sich reißt [...], ein Herz, das jung und warm.[127] Auch Lottes Hauptcharakteristikum ist immer wieder das **Herz.** Von ihrem Äußeren erfahren wir wenig: **Ein Mädchen von schöner Gestalt, mittlerer Größe** (22); **lebendige Lippen, frische muntere Wangen** (25). Als besonderes Merkmal werden immer wieder ihre schwarzen Augen erwähnt, die Augen der Maximiliane La Roche. (Charlotte Buff hatte bekanntlich blaue.) Sonst wird sie eigentlich nur in Ausrufen des Entzückens beschrieben: **So viel Einfalt bei so viel Verstand, so viele Güte bei so viel Festigkeit und die Ruhe der Seele bei dem wahren Leben und der Tätigkeit** (20). Wir erfahren, dass sie seit dem frühen Tod ihrer Mutter die vielköpfige Familie und den Haushalt ihres Vaters, des Amtmanns S., versorgt, dass sie ihren jüngeren Geschwistern die Mutter ersetzt und dass sie all diese aufopfernde Tätigkeit mit stets gleicher Freundlichkeit und Heiterkeit versieht. Einen **Engel** nennt Werther sie, einen **Schatz, der in der stillen Gegend verborgen liegt** (20 f.).

Lotte liest gern, auch Romane im empfindsamen Stil der Zeit, aber sie ist von wählerischem Geschmack. Die sentimentalen englischen Romane vom Typus *Glück und Unstern der Miss Jenny* gefallen ihr nicht. Die Poesie soll ihre Welt realistisch widerspiegeln, ihr **eigen häuslich Leben** (25). Ihre Fähigkeit zu schwärmerischem Empfinden ist aber auch ausgeprägt. Ergriffen von dem Naturbild des abziehenden Gewitters spricht sie wie ein geheimes Losungswort nur einen Namen aus: **Klopstock!** (30) Immer aber ist ihr Bild verklärt von der Begeisterung Werthers, kein Zug von ihr ist aus nüchterner Distanz gezeichnet. Er sieht **mit** jedem Wort, das sie sagt, **neue Strahlen des Geistes aus ihren Gesichtszügen hervorbrechen** (24). Mit ihrer jungmädchenhaft unbefangenen Spiel- und Tanzfreude, ihrem resoluten Handeln, ihren Temperamentsausbrüchen, kurz, mit ihrem ganzen Wesen erfüllt sie Werthers Ideal von **Natur** und **Herz** vollkommen. Seine Liebe steigert sich im Lauf der Erzählung zu religiöser Verehrung. **Sie ist mir heilig. Alle Begier schweigt in ihrer Gegenwart** (44); **Der Segen Gottes ruht über dir** (69). Vor ihren Blumen hat er die **halbe Nacht gekniet** (142). Seine Kleider sind durch die bloße Berührung Lottes **geheiligt** (149), die Schleife ihres Ballkleides, die sie ihm zum Geburtstag geschenkt hat, küsst er **tausendmal** (64) und verwahrt sie wie eine Reliquie. Ihre Fürsorge für eine Kranke erweckt sofort in ihm die Vorstellung selbst krank zu sein an seinem **eigenen armen Herzen, das übler dran ist als manches, das auf dem Siechbette verschmachtet** (34).

Dabei erscheint Lotte in zwei kontrastierenden Gestalten. Das realistische, unsentimentale junge Mädchen lebt ganz in den diesseitigen Bedingtheiten ihrer Familie und ihrer kleinen Stadt; sie liebt auch ein bisschen Klatsch und Tratsch (100). Ihrem Verlobten Albert verspricht sie eine liebende Gattin und treusorgende Hausfrau zu werden. Sie hat zunächst gar nichts Ätherisches. Werther stilisiert sie zu einer Ikone und Lotte nähert sich diesem Bild mit immer stärker hervortretenden Zügen einer melancholisch gestimmten Innerlichkeit an. **Sie war in einen sonderbaren Zustand geraten** (128).

Der Ossian-Vortrag vom 20. Dezember (131 ff.) überwältigt sie. Werthers durch den Ossiantext verschlüsselte Todesbotschaft hat sie durchaus empfangen. **Ihr schien eine Ahnung seines schrecklichen Vorhabens durch die Seele zu fliegen. Ihre Sinne verwirrten sich** (139). Die erste und einzige Liebesannäherung, die sie Werther gestattet, ist eine Folge ihrer inneren Verstörtheit, mit der Werther sie angesteckt hat. **Ein Schauer überfiel sie; sie wollte sich entfernen. Und Schmerz und Anteil lagen betäubend wie Blei auf ihr** (138). Die lebensfreudige Lotte, die einst Trauer und Unmut als **Trägheit des Herzens** bezeichnet hatte, die, wenn sie verdrießlich war, aufsprang zu **ein paar Kontretänzen den Garten auf und ab** (37), zerfließt jetzt vor Mitleid und Rührung auf dem Kanapee.

Im Bild Lottes verbinden sich zwei gegensätzliche Strömungen des empfindsamen Zeitgeistes: der rousseausche Protest gegen die erstarrte Rokokokultur im Namen der Natur und des Lebens und eine lebens- und weltflüchtige Innerlichkeit.

3.4.3 Albert, der ›gelassene Mensch‹

Gelassenheit ist für den leidenschaftlichen Werther ein negativer Charakterzug. Er benutzt das Wort, um damit die **vernünftigen** Aufklärungsphilister abzuqualifizieren, **die gelassenen Herren** mit ihren **Gartenhäuschen, Tulpenbeeten und Krautfeldern** (16). Wenn Werther daher seinem Freund Albert mit dem Vorwurf der **Gelassenheit** entgegentritt, ist das ein harter Vorwurf. **Vergebens, daß der gelassene, vernünftige Mensch den Zustand des Unglücklichen übersieht** (56).

Wer ist Albert?, fragt Werther. **Albert ist ein braver Mensch,** antwortet Lotte (28). **Ein braver lieber Mann,** urteilt Werther selbst nach dem ersten Kennenlernen, **seine gelassene Außenseite sticht gegen die Unruhe meines Charakters sehr lebhaft ab** (48).

Die Kontrastierung des Leidenschaftlichen mit dem Besonnenen wiederholt sich bekanntlich im Werk Goethes: Orest und Pylades, Tasso und Antonio, Wilhelm Meister und Werner. Die erste Setzung dieses Kontrastes im *Werther* bringt gleich seine ganze Ambivalenz zum Ausdruck. Der biedere, ehrliche, verlässliche, umsichtige, kurz, der gelassene Mensch Albert erweist sich gegen den genialischen Werther als der sittlich Stärkere. Er vollbringt es, den Nebenbuhler zu seinem Freund zu machen. Er überwindet bewusst jeden Anflug der Eifersucht. (Eine Unmutsanwandlung Alberts über Werther hat GOETHE in der Zweitfassung von 1786 wieder getilgt.) Er hat sein Modell in dem edlen Herrn de Wolmar in Rousseaus *NOUVELLE HÉLOISE*. Er ist **der ehrliche Albert, [...] der mich mit herzlicher Freundschaft umfaßt, dem ich nach Lotte das Liebste auf der Welt bin** (51).

Zur Auseinandersetzung zwischen den Freunden kommt es nicht aus Liebesrivalität, sondern über ein moralphilosophisches Streitthema: die sittliche Berechtigung des Selbstmordes. Werther verteidigt erbittert das Ausnahmerecht des Leidenschaftlichen, Verzweifelten, das Maß und die Grenzen seines Leidens selbst zu bestimmen. Albert hält den Selbstmord für einen Mangel an Vernunft. Werthers Erzählung vom ertrunkenen Mädchen (ein Gretchenschicksal aus GOETHES Frankfurter Nachbarschaft)[128] kann Albert nicht überzeugen (s. a. 3.7 d. A., S. 72). Ein **einfältiges** Mädchen sei zu entschuldigen, nicht aber **ein Mensch von Verstand** (58). Ganz verhaftet in aufklärerischer Ethik, glaubt er an die sittliche Autonomie des vernünftigen Menschen.

Albert hat aber in all seiner Prinzipienfestigkeit **viel Gefühl** (48), er zeigt Mitleid, Sympathie und Einfühlung. Sein **Herz** jedoch muss hinter das Sittengesetz zurücktreten. Als Werther sich allen Ernstes dafür einsetzt, einem des Mordes aus Eifersucht überführten Bauernknecht zur Flucht zu verhelfen und dem Amtmann empfiehlt, **durch die Finger zu sehen** (117), tritt Albert **auf des Alten Seite** (ebd.), d. h. auf die Seite des Gesetzes. Dies war **Werthern höchst zuwider** (ebd.). **Was hilft es, daß ich mir's sage und wieder sage, er ist brav und gut, aber er zerreißt mein inneres Eingeweide; ich kann nicht gerecht sein** (118). Dieser schrankenlose Gefühlsanarchismus Werthers ist es, der **sein ganzes Verhältnis zu Albert ausdrückt** (ebd.), dem Mann des Gesetzes, der Form und der **Gelassenheit**, der aber doch von Gefühskälte weit entfernt ist, wie der Schluss des Romans zeigt: **Der Alte folgte der Leiche und die Söhne, Albert vermocht's nicht** (151).

3.4.4 Die Kinder und die ›dogmatische Drahtpuppe‹

Die Kinderliebe Werthers ist eines der wichtigsten Randmotive des Romans. Sie hat ihre Entsprechung in GOETHES inniger Beziehung zu Charlotte Buffs jungen Geschwistern im Wetzlarer Sommer. **Er liebt die Kinder und kann sich mit ihnen sehr beschäftigen,** schrieb KESTNER an Hennings, **bey Kindern und Frauenzimmern ist er wohl angeschrie-**

ben.[129] **Dr. Goethe ist fort,** jammerten die Kinder im Deutschen Haus nach seiner unvermuteten Abreise am 11. September 1772.[130] Und Werther schreibt: **Ja, Wilhelm, meinem Herzen sind die Kinder am nächsten auf der Erde** (33). Die Kinder der Schulmeistertochter in Wahlheim bekommen Zucker von ihm, wenn er Kaffee trinkt. **Sie sind ganz an mich gewöhnt […] Sonntags fehlt ihnen der Kreuzer nie** (17). Er sieht sich selbst am liebsten als Kind, mitunter als krankes Kind mit krankem Herzen: **Was man ein Kind ist! […] Oh, was ich ein Kind bin!** (42) **Daß Erwachsene gleich Kindern auf diesem Erdboden herumtaumeln, auch wie jene nicht wissen, woher sie kommen und wohin sie gehen […], man kann es mit Händen greifen** (13). **In freundlichem Wahne so hintaumeln** lässt ihn Gott wie die Kinder (41). Er hält sein **Herzchen wie ein krankes Kind** (9).

Werther teilt die Überzeugung Rousseaus: **Alles ist gut, wie es aus den Händen des Urhebers der Dinge hervorgeht, alles verdirbt unter den Händen des Menschen.** In den Kindern sieht er voller Bewunderung und Liebe die reine, unverfälschte Natur: **alles so unverdorben, so ganz!** (34) Jede Erziehungsnorm wäre eine Verfälschung dieser naturhaften Ursprünglichkeit und eine Minderung des kindlichen Glücks. **Wer das Leben eines Kindes gelebt hat, hat seine Bildung nicht mit seinem Glück erkauft,** heißt es in Rousseaus *Emile*.[131]

Werther erzählt Lottes Geschwistern am liebsten Märchen, **in einem singenden Silbenfall, an einem Schnürchen weg** (59). Er will dem Kind seine Märchen-Fantasie belassen, er klärt es nicht auf. Darüber gerät er in Streit mit einem Mann, **der Verstand hat** und der nach den Erziehungsgrundsätzen der Aufklärung in Kindern nur Wesen minderer Vernunft sieht: **Man sollte Kindern nichts weismachen, dergleichen gebe zu unzähligen Irrtümern und Aberglauben Anlaß** (41).

Noch schärfer in ihrer Grundsätzlichkeit ist Werthers Streit mit dem **Medikus** im Haus des Amtmanns (33), einer zerrbildhaften Symbolfigur für die in seelenlosem Rationalismus erstarrte Aufklärungskultur, eine **dogmatische Drahtpuppe** (ebd.). Während der Doktor unterm Reden seine Manschetten in Falten legt und als unbewusste Kennzeichnung seines endlosen Sermons **einen Kräusel ohne Ende herauszupft** (ebd.), mokiert er sich darüber, dass Werther als erwachsener Mann von Stand mit den Kindern auf dem Boden herumtollt: **wie einige auf mir herumkrabbelten, andere mich neckten, und wie ich sie kitzelte** (ebd.). Der Doktor **fand dies unter der Würde eines gescheiten Menschen**; des Amtmanns Kinder **wären so schon ungezogen genug, der Werther verderbe sie nun völlig** (ebd.). Werther dagegen kennt keine ungezogenen kindlichen Untugenden. Im kindlichen **Eigensinn** sieht er künftige

Standhaftigkeit, in ihrem **Mutwillen** guten Humor (34). Er beruft sich auf das Jesuswort: **wenn ihr nicht werdet wie eines von diesen!** (ebd.) In der Lehre von der Gotteskindschaft des Menschen sieht er die Bestätigung, dass man Kinder **nicht nach sich** bilden soll. **Guter Gott von deinem Himmel, alte Kinder siehst du und junge Kinder und nichts weiter** (ebd.).

3.4.5 Das Ich als ›Gottessohn‹

Im Entrückungserlebnis eines Traumes realisiert sich für Werther ein **strafbarer** Wunsch: **Diese Nacht! Ich zittere es zu sagen, hielt ich sie in meinen Armen, fest an meinen Busen gedrückt und drückte ihren liebelispelnden Mund mit unendlichen Küssen** (121). Der **Frevel** dieses Wunschtraums erweckt das Verlangen nach Sühne. Unmittelbar darauf spricht der Herausgeber von Werthers Entschluss **die Welt zu verlassen** (ebd.). **Gott! bin ich strafbar, daß ich auch jetzt noch eine Seligkeit fühle, mir diese glühenden Freuden mit voller Innigkeit zurückzurufen?** (ebd.) Er weiß, dass er seinen Traum nicht seinem sittlichen Willen zum Opfer bringen kann; so beschließt er sich selbst zum Opfer zu bringen.

Dieser Gedanke wird jetzt mit dem Opfertod Christi in Verbindung gebracht. Bibelzitate und Bibelanklänge ziehen sich schon von Anfang an durch den Roman. Patriarchen (8), Pharisäer und Samariter (54), der ewige Ölkrug des Propheten (43), das härene Gewand des Büßers bringen mit ihrer altväterlichen Metaphorik einen Beiklang von religiösem Ernst in den Erzählton. Gegen Schluss aber mehren sich Zitate aus den Passionsberichten, besonders aus dem Evangelium des Johannes. Die pantheistische Allentrücktheit mischt sich eigentümlich mit der Glaubenssymbolik des neuen Testaments. Werther setzt sein Leiden mit dem Kreuzestod Christi gleich. (Einen **gekreuzigten Prometheus** nannte Jakob Lenz den Werther.) Ihm wird wie Christus der Kelch des Leidens angetragen. **Und ward der Kelch dem Gott vom Himmel auf seiner Menschenlippe zu bitter, warum soll ich groß tun und mich stellen, als schmecke er mir süß?** (104), **Ich schaudre nicht, den kalten, schrecklichen Kelch zu fassen** (149). Die vermessenste Ineinssetzung des Geniemenschen mit dem Menschensohn ist schließlich Werthers Christusschrei: **Mein Gott! Mein Gott! warum hast du mich verlassen?** (104)

Durch die Dunkelheit der Passion reißt es den Liebenden in ein Jenseits, in dem sich die Seligkeit der Auferstehung mit den Entzückungen einer transzendentalen Liebesvereinigung vermengt. Dem Liebenden ist **Himmelsfülle in heiligen sichtbaren Zeichen gereicht**, er hat **Himmelswonne geschmeckt** (142), jetzt geht er zum **Vater**, der ihn tröstet, bis die Geliebte ihm folgt. **Ich fliege Dir entgegen und fasse Dich und bleibe** bei Dir vor dem Angesicht des Unendlichen in ewigen Umarmungen. Sie ist mein! Du bist mein! Ja, Lotte, auf ewig (ebd.). Das christliche Vaterbild wird in die Gestalt eines all-einigenden Eros umgedeutet, **an den Ort des ehedem absoluten Wertes, der Gottesidee, ist ein anderer, die Geschlechterliebe getreten** (Schöffler).

Mit dem Erlösungsgedanken des Abschiedsbriefes wird das Selbstmordmotiv mehrdeutig. Ursprünglich als Opfertod und Sühne für ein **strafbares** Liebesverlangen gedacht, wird es jetzt zur überwirklichen Erfüllung dieses Liebestraums, zu einer erotischen unio mystica. Das Entsetzen vor einer entseelten Welt, dem **ewig wiederkäuenden Ungeheuer,** vor der Erstarrung seines Innern, dem **versiegten Brunnen,** dem **verlechten Eimer** (102) wandelt sich in das Entgrenzungserlebnis einer panerotischen Liebesfeier. Was er im Angesicht der Sturzflut, die über sein **liebes Tal** hereingebrochen war (119 f.), noch nicht über sich gebracht hatte, **die Wolken zu zerreißen, die Fluten zu fassen** [...], **den Fuß zu heben und alle Qualen zu enden** (d. h. sich in den Fluss zu stürzen), gelingt erst, nachdem der strafbare Traum zur strafbaren Handlung geworden ist (139). Jetzt erst ist die Sühneleistung unausweichlich, jetzt aber gelingt auch die Selbstbefreiung des im Sein Eingekerkerten, diese **Wonne,** in der **alle Qualen enden** (120).

Dieses Motiv der Befreiung aus dem Sein ist schon im ersten Buch angelegt und zieht sich zyklisch durch den Roman: **Ein Mensch, so eingeschränkt er ist, hält doch immer im Herzen das süße Gefühl der Freiheit, und daß er diesen Kerker verlassen kann, wenn er will.** (14) – **So ist mir's oft, ich möchte mir eine Ader öffnen, die mir die ewige Freiheit schaffte** (84) – **Den Vorhang aufzuheben und dahinterzutreten!** (122) Schon kurz nach der ersten Begegnung mit Lotte, noch vor der Ankunft Alberts, in einer Zeit also, als seine Liebeshoffnung noch ungetrübt war, spricht Werther davon, dass er sich **eine Kugel vor den Kopf schießen möchte** (45). Der Ausdruck vom **Davongehen – ich ginge wohl** (50) – wiederholt sich leitmotivisch am Ende des zweiten Buches gleich zweimal in enger Folge: **Mir wäre besser, ich ginge** (121) – **Ja, du hast recht; mir wäre besser, ich ginge** (122), und erst jetzt enthüllt er seine makabre Mehrdeutigkeit.

Werther selbst deutet seine **Krankheit zum Tode** religiös. Am Anfang des Romans schon klingt im rauschhaftesten Genuss diesseitiger Natur- und Lebensfreude Jenseitssehnsucht auf. Aber noch ist die **christliche Sprechweise poetische Chiffre einer ins Absolute gesteigerten schwellenden Lebenswonne.**[132] Am Ende des Romans, im **Taumel des Todes** (149), wird sie zum Ausdruck einer rauschhaft empfundenen Lebensentrückung.

3.5 Spiegelungen – Charakterisierung durch Gegenbild und Parallele

Jede Nebenfigur im *Werther* hat ihre Funktion im Gefüge der Erzählung, keine ist Füllsel oder bloße Staffage. Der Roman ist trotz der raschen und intuitiven Art seiner Herstellung (**in vier Wochen ohne ein Schema des Ganzen**[133]) eine ausgewogene Komposition. Thomas Mann nennt ihn **ein Meisterwerk der Notwendigkeit, ein lückenloses, klug, zart und wissend gefügtes Mosaik.**[134] Episodisches und erzählerische Nebenstränge haben ihre spiegelbildliche Entsprechung in der Haupthandlung.

Die Geschichte des Bauernknechts hat Goethe allerdings erst in die Zweitfassung von 1786 eingefügt. Mit dieser bewussten Abrundung der Komposition hat er das Ganze, wie er es gegenüber Kestner ausdrückte, **noch einige Stufen höher geschraubt.**

3.5.1 Der Bauernknecht

Es ist ein kleiner Roman im Roman. Das Schicksal Werthers spiegelt sich in einer Figur aus dem niederen Volk, **nichts als ein Bauernbursch** (18), aus **einer Klasse von Menschen, die wir ungebildet, die wir roh nennen** (94). Er ist in heftiger Liebe zu seiner Herrin, einer jungen, schönen Bauernwitwe entbrannt. Um die Echtheit und Innigkeit dieser Liebe zu charakterisieren verwendet Goethe zweimal in einem Satz das Wort **Reinheit: Ich hab' in meinem Leben die dringende Begierde und das heiße sehnliche Verlangen nicht in dieser Reinheit gesehen, ja wohl kann ich sagen in dieser Reinheit nicht gedacht** (19). Mit der gleichen Emphase spricht er von der **Unschuld und Wahrheit** dieser Beziehung, er ist **wie selbst davon entzückt**, er **lechzt** und **schmachtet** in der Erinnerung an das **Bild dieser Treue und Zärtlichkeit** (20).

Goethe hat die erste Begegnung mit dem Bauernknecht zwischen die beiden Wahlheimbriefe vom 26. und 27. Mai und den Brief vom 16. Juni eingeschoben. Dieser aber ist der Bericht von der ersten Begegnung mit Lotte. Die Episode hat die Funktion einer Einstimmung in die Leidenschaft.

Das Motiv ruht dann über 70 Seiten und wird erst im Brief vom 4. September des nächsten Jahres wieder aufgenommen: **Hab' ich Dir nicht einmal von einem Bauernburschen geschrieben?** (92) Der junge Mensch ist unterdessen **aus dem Dienst gejagt.** Es vollzieht sich jetzt eine der in bäuerlichen und handwerkerlichen Kreisen jener Zeit häufigen Liebestragödien, die Liebe eines Knechts oder eines Gesellen zur Meistersfrau. Meistens vermischte sich dabei die Liebe mit dem Besitzinteresse, da mit der Ehe der Erwerb eines Hofes oder zumindest einer Werkstatt verbunden war. Die Liebe des Bauernknechts aber ist **rein,** ihm geht es nicht, wie seinem Rivalen, um den Standesaufstieg zum reichen Bauern. Er erschlägt den Nebenbuhler aus Verzweiflung und rasender Eifersucht.

Werther ist von diesem Ereignis aufgewühlt, **es ergriff ihn eine unsägliche Begierde, den Menschen zu retten** (116). Seine leidenschaftliche Parteinahme für den Totschläger, seine tiefe Sympathie kommt aus dem Bewusstsein einer Schicksalsgenossenschaft. **Nein, er ist nicht zu retten,** sagt der Amtmann über den Bauernburschen (117). Er weiß nicht, dass Werther zwei Tage zuvor das gleiche Verdikt gegen sich selbst gesprochen hatte: **mit mir ist's aus** (110). Werther hört aus den Worten des Amtsmanns sein eigenes Todesurteil heraus.

3.5.2 Der Blumensammler

Die Episode von dem jungen Schreiber, der aus unglücklicher Liebe seinen Verstand verloren hat, wird in den Briefen vom 30. November und vom 1. Dezember 1773 erzählt. (Ihr Modell hatte die Figur in einem schwermütigen Kanzleischreiber in GOETHES Frankfurter Anwaltspraxis.)

Auch in dieser Gestalt **von geringem Stande** (106) erkennt Werther sich selbst. Der junge Mensch **in lächerlicher Gewandung, aber mit interessanter Physiognomie** (ebd.) irrt im Gebirge umher und sucht im Winter Blumen, weil er **seinem Schatz einen Strauß versprochen hat** (107). Er hatte ein Jahr lang **an Ketten im Tollhause gelegen,** war **in Raserei verfallen,** in ein **hitziges Fieber,** aber **jetzt ist er stille** (108).

Werthers Vision vom leidenschaftlichen Menschen gipfelte, wie wir gesehen haben, in einem Bekenntnis zu Wahnsinn und Trunkenheit (Gespräch mit Albert, S. 53 f.). **Meine Leidenschaften waren nie weit vom Wahnsinn; ich bin mehr als einmal trunken gewesen; alle außerordentlichen Menschen** habe man von jeher als Trunkene und Wahnsinnige **ausgeschrien** (54). Jetzt erscheint ihm diese Vision leibhaftig in der Gestalt eines wirklichen Kranken, eine Begegnung, die ihn **aus aller Fassung bringt** (106). Als er zudem noch erfährt, dass dieselbe Leidenschaft ihn wie den Kranken **rasend gemacht** hat (110), nämlich die Liebe zu Lotte, muss er in ihm geradezu seinen Doppelgänger sehen. Von der Mutter des Irren erfährt er, ihr Sohn sei auf dem Höhepunkt seiner Wahnvorstellungen **so glücklich, so wohl** gewesen (108). **Das ist die Zeit, wo er im Tollhaus war, wo er nichts von sich wußte** (ebd.). Das fiel auf Werther **wie ein Donnerschlag** (ebd.). Nur Kinder und Wahnsinnige sind, so meint er, glücklich. **Gott im Himmel, hast du das zum Schick-**

sale der Menschen gemacht, daß sie nicht glücklich sind, als ehe sie zu ihrem Verstande kommen und wenn sie ihn wieder verlieren! (ebd.)

Die Begegnung mit dem Blumensammler ist für Werther gleichzeitig bedrückend und anziehend. Er beneidet den **Elenden** um seinen **Trübsinn**, um die **Verwirrung seiner Sinne** (ebd.). Mit der dreimaligen Entgegensetzung **und auch ich** [...], **und ich – und ich** [...] (ebd.) setzt er seinen eigenen Zustand zu dem des beneidenswerten Kranken in Beziehung. Zugleich ist diese Begegnung die Antizipation seines nahen Endes; sie führt ihm mit nachtmahrhaftem Grauen die Unausweichlichkeit seines Schicksals vor Augen. Dreimal in schneller Folge wiederholt die Erzählung das Stichwort für diese Unausweichlichkeit: der irre Schreiber: **Jetzt ist es aus mit mir** (107); Werther: **Siehst du, mit mir ist's aus** (110); der Amtmann: **Nein, er ist nicht zu retten** (116); Werther: **Du bist nicht zu retten, Unglücklicher! Ich sehe wohl, daß wir nicht zu retten sind.** (ebd.)

3.5.3 Das Fräulein von B.

Sie ist die einzige fühlende Seele am Hofe. In dem **Raritätenkasten** der Residenz, in dem er sich nicht mit Menschen, sondern mit Puppen zusammen agieren sieht, **wie eine Marionette** geführt, zurückschaudernd vor der **hölzernen Hand seines Mitspielers**, trifft er eine junge Frau, an der er Ähnlichkeiten mit Lotte entdeckt, die ihm aber zugleich Züge seiner selbst widerspiegelt (77). Sie leidet wie er unter dem Zwang der höfischen Etikette, fühlt sich wie er von den gesellschaftlichen Konventionen und Standesschranken **eingekerkert** und findet in Werther einen mitfühlenden Gesprächspartner bei ihren empfindsamen Spaziergängen. **Wir verphantasieren manche Stunde in ländlichen Szenen von ungemischter Glückseligkeit** (78). Die rousseausche Gefühlskultur erlaubte nicht nur das Überspringen ständischer Kastenordnungen, sondern auch einen unbefangenen, von erotischen Gefühlen freien Umgang der Geschlechter miteinander. Man kultiviert eine Seelenfreundschaft, schwärmt gemeinsam von Sonnenuntergängen und offenbart sich gegenseitig die Geheimnisse seines Herzens. So muss das Fräulein von B. in die Huldigungen für Lotte einstimmen, ja sie **tut es freiwillig**, hört gern von ihr und liebt sie (78). Dieser freimütige Ton vertrauensvoller Innerlichkeit, der hier vorgelebt wird, bestärkt Werther in seiner utopischen Sehnsucht. Er träumt von gesellschaftlichen Beziehungen, die sich ohne gesetzliche und moralische Normen durch **Herz** und Gefühl von selbst regulieren.

3.5.4 Die Tochter des Schulmeisters

Ähnlich wie die Geschichte des Bauernknechts ist auch diese Erzählung durch zwei gegenläufige Episoden im ersten und zweiten Teil des Romans verklammert (S. 16 ff., 90 f.). Erzählt wird das Schicksal einer Frau aus dem Volk, der Werther in Wahlheim begegnet ist, der Tochter eines Schulmeisters, Mutter zweier Kinder. Zunächst wird die Szene mit allen Zügen einer arkadischen Idyllenmalerei gezeichnet: eine junge Frau **mit einem Körbchen am Arm,** zwei Kinder; sie gab **dem ältesten einen halben Weck, nahm das Kleine auf den Arm und küßte es mit aller mütterlichen Liebe** (16), ein paradiesisches Bild von naturhaft unverfälschter Anmut, wie die Empfindsamen dieser Zeit es liebten. Auch dieses versinkt aber am Ende in die ossianische Stimmung von Trauer und Melancholie.

Als Werther im Spätsommer des nächsten Jahres nach Wahlheim zurückkehrt, ist der jüngste der beiden Knaben gestorben und die Familie in Armut geraten. Die Hoffnung auf eine Erbschaft hatte sich zerschlagen, der Mann ist krank von einer Reise zurückgekehrt. Wieder nimmt Werther ein zufälliges Ereignis als Bestätigung seines eigenen Gemütszustandes und seiner verdüsterten Weltsicht: **Alle Menschen werden in ihren Hoffnungen getäuscht, in ihren Erwartungen betrogen** (90). Sein Wahlheim, der Ort, **nahe am Himmel,** ist jetzt verdunkelt wie seine Seele. Wie damals in allem Heiteren und Schönen, so sieht er jetzt in jedem Unglück das wahre Bild der Welt.

3.6 Sprachformen der Empfindsamkeit

3.6.1 Die Beseelung der Landschaft durch die Sprache

Der Stilwandel von der Geniesprache zur Weimarer Klassik zeigt sich deutlich an GOETHES Natur- und Landschaftsbildern. Die in sich ruhende Tektonik eines Landschaftsbildes in den *LEHRJAHREN* zum Beispiel steht im starken Kontrast zur dynamischen Bewegtheit einer Wertherlandschaft:[135]

WILHELM MEISTER:	*WERTHER:*
Er durchstrich langsam Täler und Berge mit der Empfindung des größten Vergnügens. Überhangende Felsen, rauschende Wasserbäche, bewachsene Wände, tiefe Gründe sah er hier zum erstenmal. (HA 7, S. 87)	**Ungeheure Berge umgaben mich, Abgründe lagen vor mir, und Wetterbäche stürzten herunter, die Flüsse strömten unter mir, und Wald und Gebirge erklang.** (60)

Der gegenläufige Sprachrhythmus – im *MEISTER* langwellig fließend, im *WERTHER* von vibrierender Gespanntheit – wird dem laut Lesenden deutlich; der syntaktisch-stilistische Gegensatz zeigt sich in der Akzentverlagerung vom Verb zum Adjektiv: **stürzten/strömten/erklang – überhangende/rauschende/bewachsene/tiefe.** Im *Meister* bietet sich die Landschaft dem Betrachtenden als Gegenstand dar, im *Werther* reißt sie ihn in ihre dramatische Bewegung hinein.

Die Wertherlandschaften sind Projektionen der Seele. Sie geraten mit den wechselnden seelischen Bewegungen des Ichs ins Fließen, ändern Umriss und Farbe; sie sind empfindsam, indem sie Empfindungen widerspiegeln.

Wie die eigentümlich wechselnde Gemütsperspektive Werthers in Sprache gebracht wird, soll im Folgenden an einigen kontrastiven Beispielen verdeutlicht werden. Es handelt sich um Bilder jeweils gleicher Landschaften in wechselnder seelischer **Beleuchtung.**

Brief vom 10. Mai (S. 7 ff.)/Brief vom 3. November (101 f.)
Der Brief vom 10. Mai ist nach einer kurzen erzählerischen Einleitung ein einziger atemloser Satz (ab Z. 15). Eine aus lauter Wenn-Sätzen aufgetürmte hypotaktische Konstruktion steigert sich in immer neuen Aufschwingungen und Aufgipfelungen zu einem Hymnus auf das Bild des **unendlichen Gottes** in der Natur. Die immer höher gespannte Erwartung durch das **Wenn** klingt nicht aus in ein erlösendes **Dann,** das eine Erfüllung verkündet. Das Ende des langen Satzes ist ein vergeblicher Wunsch und eine Klage. **Das Leiden am Gegenwärtigen und der Zug in die grenzenlose Ferne erscheint grammatisch in der Belanglosigkeit des Hauptsatzes und der überquellenden Fülle der Nebensätze.**[136] Die Nebensätze tragen gegen die Regel die Aussage des Satzes. Wald und Sonne, Tal und Bach, Gras und alle die **unzähligen, unergründlichen Gestalten der Würmchen und Mückchen** werden von der syntaktischen Dynamik des Satzes erfasst und auf den Gefühlsgipfel eines Einklangs von Landschaft und **Herz,** Natur und Gott, All und Seele getragen. Das wiederholte **Wenn** schafft Unruhe, drängende Bewegung. (Das wird deutlich, wenn man probeweise die Konstruktion in eine stakkatohafte Parataxe umformt: **Das liebe Tal dampft um mich. Die hohe Sonne ruht an der Oberfläche** [...].) Das **Wenn** weckt Erwartung, es muss eine Auflösung geben, die ständige Aufgipfelung muss zu einem Ziel führen, **aufwärts, umfangend umfangen,** ähnlich der Gefühlsentrückung des Ganymed, die in der Wortreminiszenz des **Alliebenden** anklingt. Auge und Vorstellung finden keinen Ruhepunkt, der Blick führt aus der Weite (**das liebe Tal**) ins Allernächste und Engste der **kleinen Welt zwischen den Halmen;** von dort wird er wieder emporgerissen zur **Gegenwart des Allmächtigen.** Das Ich bündelt alle Bilder und zieht sie **näher an sein Herz** um sich mit ihnen aufzuschwingen zu **ewiger schwebender**

Wonne, über die Retardation des verdoppelten **fühle und fühle** hinweg, bis es um die **Augen dämmert** und der Himmel in der **Seele ruht.** Das Landschaftserlebnis wird zur pantheistischen Entrückung.

Dieselbe Landschaft finden wir in ihrer Negativ-Umkehrung im Herbstbild vom 3. November wieder. Was einst Bewegung war, ist jetzt **starr** (102), die einstige Quelle der Seligkeit ist **ein versiegter Brunnen** (ebd.), die schwebende, webende Wonne **ein lackiertes Bildchen** (ebd.). Wieder setzt die Schilderung mit einem **Wenn** ein (Z. 14), das sich zweimal wiederholt. Aber die Nebensatzreihe klingt müde aus in der Unentschiedenheit eines unvollendeten Satzes. Der Brief vom 10. Mai endete immerhin in einer Aussage, wenn sie auch nicht die erwartete Erfüllung brachte, sondern eine Sehnsucht weiterschwingen ließ; dieser bricht die Periode einfach ohne ein tragendes Verb ab. Der Satz gibt keinen Sinn, wie die Welt keinen Sinn mehr gibt. Alle Naturgegenstände sind noch vorhanden: der **sanfte Fluss,** der **ferne Hügel,** das Tal, aber **dies Herz ist jetzt tot, es fließen aus ihm keine Entzückungen mehr** (102). Es fehlt **die heilige belebende Kraft, mit der ich Welten um mich schuf** (ebd.). Werther erlebt nicht, was er vorfindet, sondern was er sich aus der Kraft seines Herzens **erschafft.**

Brief vom 18. August (S. 59 ff.)/Brief vom 12. Dezember (119 f.)

Das Bild des Flusses erscheint im Brief vom 18. August in erinnernder Rückschau. Wieder ist es eine Kette von Wenn-Sätzen, die uns das Bild liefert: [...] **wenn der sanfte Fluß zwischen den lispelnden Rohren** [...]. Hier schon wird die versiegende Kraft des Herzens beklagt: **Wie faßte ich das alles in mein warmes Herz** (60); **Wald und Gebirg erklang** (ebd.). Das Präteritum zeigt an, dass die Beseelung der Natur aus der Kraft des Herzens nicht mehr gelingen will.

Im Überschwemmungsbild vom 12. Dezember hat sich Werthers **liebes Tal** zum Abbild seines inneren Chaos verkehrt. **Wühlende Fluten in dem Mondlichte** [...], **eine stürmende See im Sausen des Windes** (119 f.). Das **Aufwärts**-Gefühl zum **Allmächtigen, Alliebenden** hat seine Richtung umgekehrt: **Ach, mit offenen Armen stand ich gegen den Abgrund und atmete hinab! hinab!** (120)

Die Gleichsetzung der Bewegungen von Natur und Seele ist hier zur Identifikation gesteigert. Die **wühlenden Fluten,** das **Sausen des Windes** erwecken in dem einer gleichen inneren Sturmflut ausgelieferten Leidenden den Wunsch **da hinabzustürmen! dahinzubrausen wie die Wellen** (ebd.). Die Überschwemmung hat nicht nur das Tal, sie hat Werther selbst heimgesucht. Es ist ein **inneres unbekanntes Toben,** das seine **Brust zu zerreißen droht** (ebd.), es ist die Flut, die in **fürchterlich herr-**

lichem Widerschein rollte und klang (ebd.), aber beide Bewegungen laufen so eng ineinander, dass Inneres und Äußeres austauschbar erscheinen. Jedoch die Natur, an die sich das Individuum in grenzenloser Entrückung preisgeben will, ist nicht mehr das Reich des **alliebenden Vaters,** sondern eine dämonisch verlockende Gefahr, ein **Abgrund.**

Brief vom 15. Juli (S. 34 ff.)/Brief vom 15. September (96 ff.)
Im Pfarrhofidyll von **St.** klingen Reminiszenzen an Goldsmith *(The Vicar of Wakefield)* und den Sesenheimer Sommer auf. Gemüthafte Wärme, ein Leben in der Geborgenheit häuslicher Liebe, Urvertrauen und sanfte Ergebung in den Willen Gottes – in Goethes synkretistischer Gottesvorstellung war dies eine christliche Komponente, in die sich aber sogleich wieder ein naturreligiöser Einklang mischte. Die alten Nussbäume im Garten des Pfarrers gewinnen eine geradezu numinose Bedeutung, in der sich göttliche Liebeskraft mit Ahnenverehrung mischt (vgl. a. Kap. 3.2. d. A.). In diaphorischer Variation wird ihnen der Wortstamm **lieb** zugeordnet: [...] **die uns so lieblich beschatteten, wie lieb ihm der Baum war** und wie schließlich dieser Vorfahre ihn, den Pfarrer, im Schatten dieser Bäume **lieb gewonnen** hatte. Diese Klangfigur der Wiederholung, in wenige Zeilen gedrängt (S. 35, Z. 24–31), wirkt wie ein Echo, in dem die innige Einstimmung des Menschen in die Natur widerklingt.

Meine Nußbäume!, klagt Werther, nachdem sie gefällt sind (97), damit wieder die gleiche Besitzergreifung mit dem Herzen vollziehend wie in **mein Tal, mein Wahlheim.** Mit diesem Ausdruck zieht er den Naturgegenstand ganz nah an sich heran und in sich hinein. Auch der Pfarrgarten gehört damit zu den geheiligten Bezirken des Romans, auch um ihn schweben **täuschende Geister** wie um den Brunnenplatz (8), die ihn verzauberten, **vertraulich** machten, **kühl und herrlich** (96).

Eine andere naturreligiöse Konnotation ergibt sich aus der Beziehung der Nussbäume zur Familientradition, zu den Vorfahren des alten Pfarrers, die sie **vor so vielen Jahren pflanzten** (96). In diesem Zusammenhang sind die Wörter **Andenken** und **heilig** (S. 97, Z. 2 f.) bedeutsam als Ausdruck der Pietät gegenüber den Gestorbenen, den **ehrlichen Geistlichen,** dem Großvater, einem **braven Mann** (97). Ein Sprachton von natur- und ahnenfrommer Devotion klingt auf. Die Bäume erwecken in Werther eine geradezu religiöse Scheu, als sei die fromme Liebe, mit der sie einst gepflanzt und gehegt worden sind, auf magisch animistische Weise in ihre Substanz eingegangen.

Die **Entweihung** des **Heiligtums,** wie sie im Brief vom 15. September dargestellt ist, steht zum Brief vom 1. Juli in einem schneidenden

Sprachkontrast. Es reihen sich Ausdrücke der Wut und Gewaltsamkeit: **Hieb, Wunde** (97), **ich könnte toll werden** […], **den Hund ermorden** (ebd.), **die Kreatur** (ebd.). Während sich mit der liebevollen Schilderung auf dem alten Pfarrhof Assoziationen von pflanzenhaftem Blühen, Wachsen und Welken verbinden, klingt in den zornigen Ausfällen gegen die **neumodische** Pfarrfrau die Vorstellung von Krankheit, Unnatur und Abartigkeit an: **Ein hageres, kränkliches Geschöpf, eine Närrin, eine ganz zerrüttete Gesundheit** (ebd.).

GOETHE will damit nicht nur eine Person oder einen Personentypus treffen, sondern eine Weltsicht: den platten Rationalismus der Aufklärungstheologie, den die Pfarrfrau vertritt, seine Seelenlosigkeit und abstrakte Dürre. Werthers Vorstellung von der Alleinheit der Natur mit einem **alliebenden Vater** erträgt keine Verbegrifflichung. Nicht die Pfarrfrau, sondern ihr Denken ist lebens- und liebesfeindlich. Ihr gemütsferner Pragmatismus ist ein **Hieb** gegen die Natur und versetzt ihr eine tödliche **Wunde.**

Die Geschichte der Nussbäume liefert damit eine der vielen semantischen Varianten, in denen sich Werthers Liebesbeziehung zur Natur ausdrückt. Die thematischen und sprachlichen Gegenläufigkeiten im Wechsel vom ersten zum zweiten Buch zeigen das Zerbrechen dieser Beziehung an. Was sich ihm einst in schwellender Lebensfülle gezeigt hat, liegt jetzt erstarrt und erstorben wie die gefällten Bäume des Pfarrgartens.

3.6.2 Die Metaphorik des Herzens

Aus der Fülle des Herzens reden und schreiben, so lautete das Programm der Stürmer und Dränger gegen die Formelhaftigkeit barocker Rhetorik. Die Wendung, von GOETHE 1772 geprägt[137], hielt sich lange im Sprachgebrauch der Klassik und Romantik. Novalis verwendete sie in der Übersetzung einer Ode des Horaz im Sinne von dionysischer Begeisterung.[138] *ÜBER DIE FÜLLE DES HERZENS* hieß ein Aufsatz von Friedrich Leopold zu Stolberg[139], ein Manifest der neuen Gefühlskultur, in dem das Wort in einer schillernden Fülle von Bedeutungsnuancen verwandt wird, vom Enthusiasmus bis zum römischen Virtusbegriff: Wer aus der Fülle des Herzens lebt, **wird der Seligkeiten viele finden.** In ihr ist die Harmonie der menschlichen Seele mit der Natur vollkommen verwirklicht. Das höfische Leben, klagt Werther, biete ihm **nicht *einen* Augenblick der Fülle des Herzens** (77).

Der metaphorische Gebrauch des Wortes **Herz** für die Gesamtheit der Seelen- und Gemütskräfte des Menschen kommt aus Spätbarock und Pietismus. Ein Blick in das evangelische Kirchengesangbuch liefert eine Fülle von Belegen: **Wach auf, mein Herz und singe; Geh aus, mein**

Herz, und suche Freud (Paul Gerhardt); **Herz und Herz vereint zusammen sucht in Gottes Herzen Ruh** (Zinzendorf); **Meines armen Herzens Pforte stell ich offen, komm herein** (Terstegen). Einen **verweltlichten Pietismus** nennt Trunz seine inflationäre Verwendung im Brief- und Dichtungsstil der Empfindsamkeit. Es dient zum Ausdruck der damals üblichen überschwenglichen Liebes- und Freundschaftsbekundungen gleich gesinnter Seelen und wurde in seiner Redundanz schon wieder formelhaft. Selbst Wieland, der ironische Skeptiker, übernahm den Modestil: **Engel Gottes! Lieber, bester Lavater! Mein Herz nennt Deinen Namen!**[140]

Werther benutzt das Wort schon am Anfang des ersten Briefes: **Was ist das Herz des Menschen?** (5) Dies wird geradezu zur Themafrage des Romans. Sein Herz nennt er **die Quelle von allem, aller Kraft, aller Seligkeit und alles Elendes** (88). Es ist das Privatissimum des Menschen, das Konzentrat seiner Individualität. **Ach, was ich weiß, kann jeder wissen –, mein Herz habe ich allein** (ebd.). **Herz** steht auch für eine dritte Person, sofern sie empfindsam ist – **Ein fühlendes Herz hat den Plan gezeichnet** (6) –, meistens aber für das eigene Ich. Es ist das Organ, mit dem Werther in seinen hohen Augenblicken der Begeisterung **die Natur umfaßt** (11). Alles will er **näher an seinem Herzen** fühlen (7). **Das volle warme Gefühl** seines Herzens schuf ihm **ringsumher die Welt zu einem Paradiese** (60). **Wie faßte ich das alles in mein warmes Herz** (ebd.).

Der Kult des Herzens macht Werther zum Getriebenen seines Gefühls. **So unstet hast Du nichts gesehn als dieses Herz** (9). Schon am Anfang des Romans bekennt er Wilhelm sein beständiges **Schwanken vom Kummer zur Ausschweifung und von süßer Melancholie zur verderblichen Leidenschaft** (9). Er liefert sich diesen Gefühlsschwankungen aus, macht seinen Willen zum Sklaven seines Herzens. **Ich lache über mein eignes Herz – und tu ihm seinen Willen** (89). Seinem Herzen gilt seine ganze Sorge, er nennt es zärtlich **Herzchen** (9) oder **mein armes Herz** (34) und hält es **wie ein krankes Kind** (9). Dann wieder hat er Angst es **aus dem Schlafe, in den es manchmal die Gleichgültigkeit des Lebens wiegt,** zu wecken (96). In der Verzweiflung schließlich ist sein Herz **zerrissen** (127), es **erstickte** (110) und **wollte bersten** (138).

Später wird sich Goethe über Werthers Herzenskult skeptisch äußern. Zwar lässt er Mignon noch in den *Lehrjahren* sagen: **Die Vernunft ist grausam, das Herz ist besser,** aber gegen Ende seines Lebens nimmt er für sich in Anspruch, er habe im *Werther* **das Übel aufgedeckt, das in jungen Gemütern verborgen lag.** [141] Er selbst habe sich **von dem Übel zu befreien gesucht** (ebd.). Das **Übel** war die Gefahr der Haltlosigkeit und der Selbstzerstörung in der hemmungslosen Hingabe an das Herz. **Werther erreicht niemals jene Distanz, wie sie allein durch Klarheit des Geistes und Festigkeit des Herzens erworben werden kann**, urteilt Hans Reiss.[142] GOETHE hat sich niemals mit Werther identifiziert, sondern sich von ihm abgelöst. **Wäre Werther mein Bruder gewesen, ich hätt' ihn erschlagen.**[143]

3.7 Die Krankheit zum Tode

Einem jungen Mann in der Begleitung des Zaren Nikolaus erklärt GOETHE im Mai 1821, **daß er im *WERTHER* niemals die Absicht gehabt habe, den Selbstmord als interessant hinzustellen, daß er ihn vielmehr als ein sittliches Vergehen beurteile.**[144] Unter seinen zahlreichen Distanzierungen vom *WERTHER* ist diese wohl die entschiedenste. Verständnisvoller äußert er sich gegenüber Eckermann am 2. Januar 1824: [...] **es müßte schlimm sein, wenn nicht jeder einmal in seinem Leben eine Epoche haben sollte, wo ihm der *WERTHER* käme, als wäre er bloß für ihn geschrieben.**

Werther selbst bezeichnet sein Leiden an der Welt mit einem biblischen Ausdruck als **Krankheit zum Tode** (54; s. Joh. 11.4). Kierkegaard hat den Begriff 75 Jahre später im Sinne eines christlichen Existenzialismus uminterpretiert.

Im autobiografischen Rückblick (D. u. W. III, 13) bekennt GOETHE, dass er in seiner Jugend selbst von dieser Krankheit befallen war und schildert ihre Symptome. Er bestimmt sie als **Ekel vor dem Leben**, als einen durch die ewige Wiederkehr des Gleichen verursachten **Lebensüberdruss**, der **nicht selten in den Selbstmord ausläuft.**[145] Um die gleiche Zeit benutzt er den Ausdruck **taedium vitae** in einem Trostbrief an Karl Zelter, dessen Sohn Selbstmord begangen hatte: **Daß alle Symptome dieser wunderlichen, so natürlichen als unnatürlichen Krankheit auch einmal mein Innerstes durchrast haben, daran läßt *WERTHER* wohl niemand zweifeln.**[146]

Gleichfalls an Zelter schreibt er drei Jahre später, nachdem er noch einmal den *WERTHER* in die Hand genommen hatte: **Da begreift man es nun nicht, wie es ein Mensch noch 40 Jahre in einer Welt hat aushalten können, die ihm in früher Jugend schon so absurd vorkam.**[147] Derartig schwankend zwischen Anziehung und Abstoßung verhielt sich GOETHE zu seinem Romanhelden.

Für die **Krankheit zum Tode** ist niemand moralisch verantwortlich. Die Rechtsinstanzen der Wertherzeit, vor allem die Kirchen, sahen das jedoch anders. Die Aufklärungsphilosophie, besonders Montesquieu[148], verfocht das **dominium vitae**, d. h. das Recht des vernünftigen Menschen über sein Leben als sein ursprünglichstes Eigentum frei zu verfügen. Strafrechtliche Konsequenzen daraus zog aber nur Friedrich II. von Preußen. In der für das Reich geltenden Constitutio Criminalis Theresiana von 1768 dagegen wird noch verfügt, dass der Scharfrichter den Leichnam eines Selbstmörders **aus dem Haus oder Ort, wo er sich entleibet, schleiffe oder herablasse, hernach wie ein Viehe auf einen Karren lege und unter das Hochgericht oder sonst ein schändliches Ort verscharre.**[149] Noch im Jahr 1811 wird von der **Exekution** am toten Körper eines Selbstmörders berichtet:

Dann kam ein Henkersknecht und hieb ihm den Kopf. Da die Kopfwunde nicht stark blutete, so ward der Unglückliche für einen Bösewicht erklärt. Der Leichnam wurde aus dem Fenster gestürzt, bekam 25 Stockhiebe ad posteriora, ward darauf in 8 Theile zerhackt, jeder Theil in Stroh eingewickelt und verbrannt.[150]

Dass bei Werthers Begräbnis **kein Geistlicher ihn begleitet** hat, ist daraus leicht erklärlich.

Goethe, obwohl Jurist, interessierte sich nicht für den Rechtsfall des Selbstmordes, sondern für dessen Pathologie. Werther, sein eigenes Schicksal antizipierend, erzählt im Streitgespräch mit Albert die Geschichte von einem **ertrunkenen Mädchen** (56 f.).

Ernst Beutler hat als Modell dazu den Selbstmordfall der 23-jährigen Frankfurter Schreinerstochter Anna Elisabeth Stöber ermittelt.[151] (Siehe hierzu a. 3.4.3 d. A., S. 58.) Sie hatte sich aus Liebeskummer am 29. Dezember 1769 im Main ertränkt. Da das Haus der Stöbers nahe am Hirschgraben lag, kannte Goethe die Details des Falles und die familiären Verhältnisse des Mädchens. Er hatte auch den Untersuchungsbericht und das Sektionsprotokoll gelesen. Ähnlich wie bei der Gretchenfigur versucht er hier also nach der Wirklichkeit zu zeichnen. Aus der dürren Protokollsprache der Untersuchungsbehörden entsteht **mit wenigen Strichen ein ganzes Mädchenleben.**[152]

Die **Krankheit zum Tode** war durch Appelle der bürgerlichen Aufklärungsmoral so wenig heilbar wie durch staatliche und kirchliche Sanktionen. Die vielen **Anschluss**-Selbstmorde im Wertherstil wurden oft dem Dichter zur Last gelegt, wohl zu Unrecht. Sie bezeugen eher eine Zeitkrankheit als die Gefährlichkeit der Romanlektüre. Neu ist nur die literaturgetreue Inszenierung des Selbstmords: **Am vorigen Sonntag erschoß sich ein junger Mensch [...]. Man fand ihn tot in seinem Zimmer, Werthers Geschichte nebst einigen anderen Büchern von der Art lagen aufgeschlagen bey ihm.** Und Karl Philipp Moritz berichtet von einem **neuen Werther**, der sich erschossen hat, nachdem er sich **balbiert, einen neuen Zopf gemacht und sich rein angezogen hatte. Er hatte *Werthers Leiden* aufgeschlagen vor sich auf den Tisch gelegt.**[153]

Im Januar 1778 ertränkte sich das Weimarer Hoffräulein Christiane von Lassberg in der Ilm nahe GOETHES Gartenhaus. (GOETHE wollte ihr am Fluss ein Denkmal errichten.)

GOETHE hat sich gegen den Vorwurf seiner Kritiker, er habe im *WERTHER* den Selbstmord propagiert, mit Recht verwahrt. Die Krankheit des **taedium vitae** sei, so heißt es im Rückblick von *DICHTUNG UND WAHRHEIT*, seinerzeit so allgemein gewesen, dass **eben *WERTHER* deswegen die große Wirkung tat, weil er überall anschlug und das Innere eines kranken jugendlichen Wahns öffentlich und faßlich darstellte.** (13. Buch)

4 Das ›Wertherfieber‹ – Rezeption und Wirkungsgeschichte

4.1 Zeitgenössische Rezensionen und Reaktionen

Doch was fördert es mich, daß auch sogar der Chinese
Malet mit ängstlicher Hand Werthern und Lotten auf Glas.
(Goethe an Carl August, 10. Mai 1789)[154]

Der *WERTHER* war ein literarischer Welterfolg. Schon sehr bald nach seinem Erscheinen machten sich Übersetzer und Raubdrucker über ihn her. Der Verleger Weygand ließ bereits 1775 drei weitere Auflagen drucken. In Zeitschriften und Almanachen erscheinen Werther-Gedichte. Werther-Parodien und Werther-Nachahmungen füllten die Stände der Buchmessen. Die ›Werthertracht‹ (blauer Frack, gelbe Weste, lange Stiefel) wurde zur Mode. Der Roman erregte Begeisterung bei den Gleichgesinnten, Entrüstung bei Kirche und Obrigkeit. In ganz Europa grassierte eine neue Krankheit: das ›Wertherfieber‹.[155]

Wie sehr GOETHE den Nerv der Zeit getroffen hatte, zeigt schon die Sprachform vieler Werther-Rezensionen. Die Kritiker identifizierten sich so sehr mit dem Werk, dass ihre Besprechung den Wertherstil kopierte oder übertrieb.

Da sitz ich mit zerflossenem Herzen, mit klopfender Brust und mit Augen, aus welchen wollüstiger Schmerz tröpfelt, und sag dir, Leser, daß ich eben die Leiden des jungen Werthers von meinem lieben Goethe – gelesen? – Nein, verschlungen habe. Kritisieren soll ich? Könnt' ich's, so hätt' ich kein Herz. […] Kauf's Buch und lies selbst! Nimm aber dein Herz mit! (Ch. F. D. Schubart, 1774)[156]

Eine solche Ergriffenheit war keine Ausnahme. Ludwig Tieck bekennt noch 1828: **Ich war 17 Jahre alt, als Werther erschien. Vier Wochen lang habe ich mich in Tränen gebadet.**[157] F. L. zu Stolberg beginnt einen Brief an J. H. Voß deklamatorisch: **Werther! Werther! Werther! o welch ein Büchlein! So hat noch kein Roman mein Herz gerührt. Der Goethe ist ein gar zu braver Mann, ich hätte ihn so gern mitten im Lesen umarmen mögen!** (3. Dez. 1774)[158] Sein Bruder Christian steht ihm in der Begeisterung nicht nach: **O ich kann Ihnen nicht sagen, wie ich das Büchelchen liebe, es legt sich ganz um mein Herz herum […] O der gute Goethe, ich hab' ihn schon manches mal dafür zärtlich umarmt.** (31. Dez. 1774)[159]

Karl Philipp Moritz lässt seine Romanfigur Anton Reiser (1785–1790) **seinen** *WERTHER* in der Tasche tragen, wie Werther **seinen**

HOMER bei sich trug. Friedrich Matthison erzählt, wie der Roman unter den sonst rohen und wilden Internatszöglingen seiner Generation **eine merkwürdige Sittenreform hervorbrachte. Die Zeit, welche von aufgegebenen Classenarbeiten übrig blieb, wandten mehrere junge Leute nur dazu an, Episteln voll religiöser Minneschwärmerey an überirdische Lotten zu dichten.**[160]

Aber nicht nur die Sturm-und-Drang-Genossen GOETHES verfielen der Faszination des Werkes, sondern auch Vertreter der anakreontischen Poesie. ***DIE LEIDEN DES JUNGEN WERTHER*** **sind vortrefflich, bester Sohn!**, schreibt Gleim, **in einem Atem hab' ich sie gelesen.**[161]

Die Distanzlosigkeit der Kritiker zu ihrem Gegenstand ist typisch für die Abwendung von der Aufklärungsästhetik. Der Rezensent weigert sich zu kritisieren, die Rezeption des Werkes führt den Rezipienten in die **Konfrontation mit sich selbst.**[162]

Daß man aber mit eben dem kalten Blute sich hinsetzt und nach der Moral der Leiden des jungen Werthers fragt, da mir, als ich's las, die Sinne vergiengen: Das kann ich nicht vertragen. (J. M. R. Lenz)[163]

Die Verdammungsurteile waren ähnlich distanzlos und leidenschaftlich formuliert, nur in umgekehrter Richtung. Nicht die Form des Werkes oder seine ästhetische Wirkung waren Gegenstand der Kritik, sondern seine Botschaft oder was man dafür hielt. Der Hamburger Hauptpastor Johann Melchior Goeze, Lessings Gegner im Fragmentenstreit, meldete sich sogleich zu Wort und wetterte gewaltig:

> **Zu den Schriften, die der Herr Verfasser als sichtbare Beispiele der Ausbrüche des Verderbens unserer Zeiten anführet, rechnen wir billig noch die Leiden (Narrheiten und Tollheiten sollte es heißen) des jungen Werthers, einen Roman, welcher keinen anderen Zweck hat, als das Schändliche von dem Selbstmorde eines jungen Witzlings, den eine närrische und verbotene Liebe, und eine daher entsprungene Desperation zu dem Entschlusse gebracht haben, sich die Pistole vor den Kopf zu setzen, abzuwischen[164], und diese schwarze That als eine Handlung des Heroismus vorzuspiegeln, einen Roman, der von unseren jungen Leuten nicht gelesen sondern verschlungen wird, und über dessen Verfasser noch viele Eltern Ach! und Weh! schreyen werden [...].**[165]

Der ziemlich einhellige Protest der Orthodoxie führte zu einer ohnmächtigen Zensurmaßnahme. Am 28. Januar 1775 erging ein Antrag der theologischen Fakultät der Universität Leipzig an den Rat der Stadt:

> **Es wird hier ein Buch verkauft, welches den Titel führt, *LEIDEN DES JUNGEN WERTHERS* usw. Diese Schrift ist eine Apologie und Empfehlung des Selbst Mordes [...]. So hat die theologische Facultät für nötig gefunden zu sorgen, daß diese Schrift unterdrückt werde [...].**

Der Rat zu Leipzig reagierte prompt:

Vigore Commissionis wird denen sämmtlichen hier anwesenden Buchhändlern und Buchdruckern der Vertrieb einer, unter dem Titel *Die Leiden des jungen Werthers* erschienenen Schrift bey zehen Thaler Strafe, hierdurch bis auf weitere Verordnung ausdrücklich untersaget.[166]

Das Verbot soll, wie zu erwarten war, den Verkauf des Buches beträchtlich gesteigert haben.

Wieland war unter den wohlwollenden kritischen Rezensenten einer der wenigen, die ihren analytischen Verstand nicht ihrer Leidenschaft opferten:

Einen einzelnen Selbstmörder rechtfertigen, und auch nicht rechtfertigen, sondern nur zum Gegenstande des Mitleids zu machen, in seinem Beyspiele zu zeigen, daß ein allzu weiches Herz und eine feurige Phantasie oft sehr verderbliche Gaben sind, heißt keine Apologie des Selbstmords schreiben. (Der Teutsche Merkur, Dez. 1774)

Lessing urteilte ähnlich abgewogen (an Eschenburg, 26. Okt. 1774), warnte allerdings vor einer sittlichen Gefährdung durch die Wertherlektüre:

Wenn aber ein so warmes Produkt nicht mehr Unheil als Gutes stiften soll: meynen Sie nicht, daß es noch eine kleine kalte Schlußrede haben müßte? Ein Paar Winke hinterher, wie Werther zu einem so abentheuerlichen Charakter gekommen; wie ein anderer Jüngling, dem die Natur eine ähnliche Anlage gegeben, sich dafür zu bewahren habe [...] Also, lieber Göthe, noch ein Kapitelchen am Schlusse; und je cynischer, je besser![167]

Nicht in einer Schlussrede, aber in einem Vorspruch zum zweiten Buch hat Goethe in der zweiten Auflage von 1775 eine moralische Warnung an den Leser ausgesprochen:

Du beweinst, du liebst ihn, liebe Seele,
Rettest sein Gedächtnis vor der Schmach.
Sieh, dir winkt sein Geist aus seiner Höhle:
Sei ein Mann und folge mir nicht nach![168]

Auch diese Mahnung konnte die **Wertherkrankheit** nicht eindämmen. Einer der Letzten, die davon befallen waren, war der Kotzebue-Attentäter Carl Ludwig Sand:

Ich las die Leiden des jungen Werther zu Ende [...] Des unglücklichen Schmerz drang in meine Seele. Die Sehnsucht nach dem Scheiden aus dieser Welt wurde wieder wach. (Tagebucheintrag vom 2. Jan. 1817)[169]

4.2 ›Wertheriaden‹ und Werthergedichte

Wohl zum ersten Mal in der neueren Kulturgeschichte wurde ein Literaturprodukt in dieser Weise vermarktet. Porzellantassen und Emaille-Medaillons mit Lottes und Werthers Bildnissen wurden angeboten, ein

Gürtelschloss mit dem Bild ›Lotte bei Werthers Grab‹, Fächer mit Wertherszenen, ja sogar ein Parfüm: ›Eau de Werther‹.[170] (S. a. Mat. 10 u. 11, S. 127 f.)

Diese Modeerscheinungen waren getragen von einer Zeitstimmung, der Werther-Melancholie. Man legte ›Werther-Haine‹ an mit ›Werther-Urnen‹ auf steinernen Postamenten. Die Aufklärungsmoral setzte sich mit polemischer Schärfe dagegen zur Wehr. Ihre Waffen waren Ironie, Satire und Parodie. **Ich glaube, der Geruch eines Pfannkuchens,** schrieb Lichtenberg, **ist ein stärkerer Beweggrund, in der Welt zu bleiben, als die mächtig gemeinten Schlüsse des jungen Werthers sind, aus derselben zu gehen.**[171] Sehr viel bissiger war die heute noch bekannteste unter den Werther-Parodien, Friedrich Nicolais *Freuden des jungen Werthers* und deren Fortsetzung *Leiden und Freuden Werthers des Mannes* (Berlin 1775). Der Berliner Aufklärungsschriftsteller verkehrte die Werthertragödie in ein Possenspiel, indem er ihr ein Happyend verpasste. Albert tritt seine Lotte regelrecht an Werther ab. Er will **eine zärtliche wechselseitige Liebe nicht stören.**[172] Die an Werther ausgeliehenen Pistolen hat er geladen, mit **'ner Blase voll Blut, 's is von 'em Huhn, das heute abend mit Lotte verzehren solt.** [173] Werther besudelt sich also nur mit Hühnerblut, statt sich zu erschießen, und heiratet Lotte. **Nach zehn Monaten war die Geburt eines Sohnes die Losung unaussprechlicher Freude.**[174]

In der Fortsetzung durchläuft Werther alle trivialen Freuden und Leiden eines bürgerlichen Familienvaters und kauft sich am Ende ein **Gütchen, ein wohlgebaut Haus, vorm Haus ein Platz mit zwo Linden.**[175] So wird also Wahlheim, Werthers Paradies, ins Banale travestiert. Werther hat bei Nicolai, dem **Anwalt des prosaischen Weltzustandes**[176], die Tugend der **Gelassenheit** erlernt.

Gar nicht gelassen, sondern derb kraftgenialisch reagierte Goethe:

Ein junger Mensch, ich weiß nicht wie,
Starb einst an der Hypochondrie
Und ward denn auch begraben.
Da kam ein schöner Geist herbei,
Der hatte einen Stuhlgang frei,
Wie's denn so Leute haben.
Der setzt' notdürftig sich aufs Grab
Und setzte da sein Häuflein ab,
Beschaute freundlich seinen Dreck,
Ging wohl eratmet wieder weg
Und sprach zu sich bedächtiglich:
›Der gute Mensch, wie hat er sich's verdorben!
Hätt' er geschissen so wie ich,
Er wäre nicht gestorben.‹ (1775)[177]

Eine regelrechte Kontrafaktur zum *Werther* verfasste Johann Moritz Schwager mit seiner Erzählung *Die Leiden des jungen Franken* (1777). Der Autor karikiert mit seinem Helden, einem willenlosen, verzärtelten und nervenschwachen jungen Mann, der zum Zeichen seiner Verliebtheit immer einen geschnitzten Amor mit sich herumträgt, den Gefühlsekstatiker Werther. Die Liebesleidenschaft Frankes endet aber nicht im Tod, sondern in der Kastration. Schwager glossierte dabei auch sehr hämisch Goethes Vorspruch von 1775:

Du beweinst ihn noch, o dumme Seele?
Rettest sein Gedächtnis vor der Schmach?
Allen Narren winkt er aus der Höhle.
Bist du einer? O! So folg ihm nach!

Ein Genie nennt Schwager seinen Helden im Untertitel ironisch, bescheinigt ihm dabei aber **einen Puppenverstand** (S. 15 f.). Der emotionale Mensch zerbricht bei ihm nicht an der gestauten Kraft seines Innern, sondern an der Wirklichkeit.

Die Flut der Werthergedichte in Almanachen, Jahrbüchern, Anthologien und Kalendern ist eine besondere Spielart der Wertherrezeption. Sie variieren das Thema meistens ins schnulzig Sentimentale. Besonders beliebt waren Gedichte **auf Werthers Grab**[178] (s. a. Materialien sowie E. u. D.).

Klagen unglücklicher Liebe auf Werthers Grab im Mondschein

Freundin armer liebeskranker Herzen,
Luna! Leuchte Trost auf mich herab;
Sieh, du kennst sie, alle meine Schmerzen,
Sieh, du kennst dies, deines Lieblings Grab [...]
(weitere 8 Strophen – in: Almanach der deutschen Musen auf das Jahr 1777, Leipzig)

Bei Werthers Grabe

Eilt vorüber, Priester und Leviten,
Fleuch vom heil'gen Orte, Menschenfeind,
Wo der Edle mit dem Samariter
Mitleidsvolle Tränen weint.
(in: Poetische Blumenlese auf das Jahr 1873, Göttingen)

Lotte bei Werthers Grab

Tief, tief atmet die Brust, wenn leise sterbende Töne
Wie das Säuseln am Grab, wimmern im traurigen Lied:
Ausgelitten hast du! Den Todesstreit hast du gerungen,
Armer Jüngling, mit Blut hast du die Liebe geküßt!
(Carl Friedrich Graf Reinhard, Zürich 1783)

Selbst Novalis schrieb ein Grabgedicht auf Werther:

Armer Jüngling, hast nun ausgelitten,
Hast vollendet dieses Lebens Traum,
Und dort droben in den Friedenshütten
Denkest du an Erdeleiden kaum. (1790)

Ein anderer wendet das Thema ins Spöttische:

Grabschrift

Halt, Wandrer, und eil nit so hin,
Lies erst, wer ich gewesen bin;
Ich war wie andre junge Gecken,
Klug, weis', mocht gern ums Weibsen lecken,
Hatte dabei sondre Grillen im Hirn,
Und einen Wurm recht hinter der Stirn,
Dem macht' ich Luft zu früh, ich Tropf,
Durch einen Hagel-Schuß in Kopf:
Nun lieg ich hier, bin Asch und Graus,
Und Klug' und Narren lachen mich aus.
Hast auch 'nen Wurm? So hör', ich bitt,
Heg'n und pfleg'n und schieß dich nit.
(Beytrag zum Reichs-Postreuter, Altona 1775)

Ein anderes Genre wieder waren die moralisierenden Anti-Werther-Gedichte:

Die Leidenschaft bezwingen bringt Gewinn;
Ihr folgen reißet alles hin.
Das Leben gab dir Gott, nicht du;
Dir's nehmen bringt dich nicht zur Ruh.
(in: Musenalmanach für das Jahr 1776, Lauenburg)

Des Weisen Lehr' an innern Werten reich,
Ist goldnen Äpfeln gleich
In Silberschalen,
Nicht zu bezahlen:
Doch deine Lehr', o sträflicher Verbrecher!
O Werther! ist in einem goldnen Becher
Wie Sodomsäpfel: nimmt man sie heraus,
So findet man nur Gift und Graus.
(Altona 1779)

Schriftsteller! Warum bereitet ihr Gifte,
Verzuckert, den zarten Seelen zum Fluch?
Giftmischer! eure giftigen Düfte
Töten den Jüngling durch ihren Geruch.

Mehrere ließen durch ihren Geruch,
Mehrere ließen durch euch sich betören,
Entleibten sich einer Hure zu Ehren.
Fluch rufen sie jetzt mit heulenden Tönen
Auf euch aus finsteren Schlünden herab.
(Gereimte Ausfälle auf ungereimte Einfälle, von einem aus innigster Quelle des Herzens die Wahrheit liebenden Freunde. Hadersleben 1779)

Hierher gehören auch die so genannten ›Warnungsbücher‹, z. B. **Die Gefahren der Schwärmerey, oder die Amtmannstochter in Berlin; eine wahre Geschichte für gefühlvolle Mädchen** (anonym 1794), erbauliche Romane, in denen vor den Folgen des Romanlesens gewarnt wurde.

Die Tradition der *Wertheriaden* erstreckte sich bis nach Frankreich und England. 1786 erschien von J. M. Fleuron *Le nouveau Werther* und anonym *Letters of Charlotte during her connection with Werther.*[179]

Und schließlich bemächtigte sich auch das bürgerliche Familienrührstück in der Tradition der Comédie Larmoyante des Themas. Eines davon lieferte den Begriff für die ganze Epoche: *Das Wertherfieber* von Ernst August Anton von Göchhausen, im Untertitel: **Ein unvollendetes Familienstück,** Leipzig 1776. Ein auf Pflichterfüllung und bürgerliche Ordnung bedachter Ehrenmann, ein **père de famille** im Stil Diderots, schickt seinen der Wertherschwärmerei verfallenen Sohn zur Bewährung nach Amerika in den Kolonialkrieg. Er ist überzeugt, **daß kein schöner Geist selig werden könne.**

Im gleichen Jahr erschien *Lorenz Konau, ein Schauspiel in einer Handlung* von Peter Wilhelm Hensler, einem holsteinischen Juristen (Altona 1776). Es folgt der gleichen Tendenz wie Göchhausen: Ein strenger Familienvater hält die **Wertherei** von seinem Haus fern. **Arbeiten sollst du lernen und redlich durch die Welt kommen.**

Der Anti-Werther-Affekt speiste sich, wie wir sahen, aus drei Quellen: der kirchlichen Orthodoxie, der Aufklärungsphilosophie und dem Protest der bürgerlichen Familienmoral. Sie alle stemmten sich gegen das Lebensgefühl einer neuen Generation, die Rousseaus Ruf **Zurück zur Natur** mit Herder in ihrem Sinne umformuliert hatte: **Zurück in dich!**

4.3 Die »Werther«-Nachahmer

Schon bald nach Erscheinen des Romans wurde er in vielfacher Weise imitiert und variiert. K. A. Stockhausen erzählte die Geschichte aus der Perspektive Lottes: *Die Leiden der jungen Wertherin* (1775). A. F. von Goué aus dem Wetzlarer Freundeskreis Goethes (s. Kap. 1.1 d. A.) glich in seinem Drama *Masuren oder der junge Werther* das Geschehen an die historische Wirklichkeit des Selbstmordes Jerusalems an. (Jerusalem führte an der ›Rittertafel‹ den Bundesnamen ›Masuren‹, s. a. S. 11 d. A.) Fleuron verlegte in seinem *Le nouveau Werther* die Handlung nach dem Vorbild der *Nouvelle Héloise* in die Schweiz (1786).

Alle diese Kopien profitierten von dem literarischen Welterfolg des Originals. Zwei Werke aus der Flut der Werther-Nachahmungen aber sind wirkungsgeschichtlich und literaturhistorisch interessanter: Johann Martin Miller, *Siegwart, eine Klostergeschichte* (1776) und J. M. R. Lenz, *Der Waldbruder, ein Pendant zu Werthers Leiden* (posthum in Schillers *Horen*, X, 1797). Sie demonstrierten beide in besonderer Weise die Rezeptionsbereitschaft für alles **Wertherische.**

Johann Martin Miller, ein gutes Jahr jünger als Goethe, eines der literarisch produktivsten Mitglieder des Göttinger Hainbundes, erzählt die Geschichte einer unglücklichen Liebe zwischen dem bayrischen Amtmannssohn Xaver Siegwart und Marianne, der Tochter eines Hofrats. Parallel dazu spielt eine weitere Liebeshandlung zwischen Siegwarts Freund, Wilhelm von Kronhelm, und Therese, der Schwester des Titelhelden. Die Liebesbeziehungen werden aus Standesrücksichten hintertrieben von den Vätern Kronhelm und Fischer, dem Hofrat. Eine zusätzliche Komplikation der Erzählhandlung ergibt sich dadurch, dass ein anderes Mädchen, Sophie von Grünberg, wiederum an einer unerwiderten Liebe zu Siegwart krankt. Sie ist die Erste, die in dieser weltflüchtigen Geschichte ins Kloster geht. Sie vertraut ihre entsagungsvollen Bekenntnisse in einem Ton schmachtender Innerlichkeit ihrem Tagebuch an, das in den Erzählgang eingeschoben wird. Auch Marianne nimmt, durch ein intrigantes Spiel ihres Vaters dazu gezwungen, den Nonnenschleier, worauf auch Siegwart in ein Kapuzinerkloster eintritt. Er verzehrt sich dort in Sehnsucht nach seiner Geliebten. Nur Wilhelm darf schließlich seine Therese heiraten.

Nach abenteuerlichen Verwicklungen und Verwirrungen stirbt Marianne und darauf vor Kummer auch Siegwart, ein neuer Romeo, nachts auf dem Grab seiner Marianne. Miller ist Gegner des Selbstmords; damit bringt er eine versteckte Opposition zu Goethe zum Ausdruck. **Dafür habe ich zuviel Christentum und weiß auch, daß es Sünde ist,** heißt es in seinem Roman. Millers Figuren gehen lieber an innerem Siechtum, Seufzen und Weinen zugrunde.

Der Ton religiöser Jenseitsschwärmerei, die Tränenseligkeit und die vielen sentimentalen Mondscheinszenen lassen den *Siegwart* als einen matten Abklatsch wertherscher Empfindsamkeit erscheinen. Trotzdem war er für den *Werther* zu seiner Zeit eine erhebliche Auflagenkonkurrenz.

J. M. R. Lenz pries den *Werther* enthusiastisch: **Wollte Gott, daß**

wir eine Welt von Werthers bekämen![180], Werther ist ein Bild, meine Herren, ein gekreuzigter Prometheus, an dessen Exempel ihr euch bespiegeln könnt.[181] In seiner *Waldbruder*-Erzählung macht er einen jungen Mann mit dem bezeichnenden Namen **Herz** zu seinem Werther. Herz hat sich aus Liebesenttäuschung als Eremit in den Odenwald zurückgezogen. Er führt von dort einen Briefwechsel mit seinem Freund Rothe und gesteht ihm seine Liebe zur schönen Gräfin Stella. Seine Liebe beruht aber auf einer ganzen Kette von grotesken Missverständnissen. Herz wird zum Narren gehalten, auch von Rothe. Hinter seiner angebeteten Stella, von der er sich erhört glaubt, verbirgt sich eine hässliche alte Witwe, die den jungen Herz für sich gewinnen will. Lenz hat Züge seiner Lebensgeschichte in das Romangeschehen verwoben, er will sich offenbar **in diesem Selbstporträt des in die Einsamkeit fliehenden Helden als ›zum Narren geboren‹ hinstellen.** [182]

Die Werther-Variationen reichen bis in die neueste Zeit. Im 19. Jahrhundert bemächtigte sich das Wiener Volkstheater des Themas und die große Oper (Jules Massenet); s. hierzu Mat. 12, S. 129. In unseren Tagen adaptierte es Plenzdorf zur Darstellung eines jungen Aussteigers in der ehemaligen DDR (s. Kap. 5.2).

Die Figur ist über ihre Dichtung hinausgewachsen ins Symbolische.

4.4 Goethes Rückblicke auf »Werther«

Mit dem Roman war für Goethe das Wertherthema nicht abgeschlossen. Einen **gesteigerten Werther** nannte er *Torquato Tasso*. Er meinte damit sicher nicht nur eine thematische Übereinstimmung, sondern die Wiederkehr der Lebenssituation, die sich im *Werther* zum Bild verdichtet hatte. Auch die schwierige späte Liebesbeziehung zu Marianne von Willemer und ihre Verarbeitung im *West-Östlichen Divan* empfand er als eine Wiederkehr des *Werther*. Diese weit reichende Thematik kann hier nur andeutend und exemplarisch an zwei Beispielen dargestellt werden.

4.4.1 Die Selbstinterpretation in »Dichtung und Wahrheit«

Zu keinem seiner Werke stand Goethe wohl in einem so ambivalenten Verhältnis der Anziehung und Abstoßung wie zu seinem Jugendroman. Schon während seiner Ausarbeitung war ihm bewusst, dass er damit die Mitwelt herausfordern würde. **Ich bearbeite meine Situation zum Schauspiel zum Trutz Gottes und der Menschen. Ich weiß, was Lotte sagen wird, wenn sie's zu sehen kriegt, und ich weiß auch, was ich antworten werde.**[183] Und 1779: **Man fragt mich, ob ich nicht mehr dergleichen schriebe, und ich sage: Gott möge mich behüten, daß ich nicht je**

wieder in den Fall komme, einen *Werther* zu schreiben und schreiben zu können (an Charlotte von Stein).[184]

1780 las er den Roman **seit er gedruckt ist das erstemal** und verwunderte sich.[185] **So etwas schreibt sich nicht mit heiler Haut**[186], heißt es im Oktober 1808. 1816 schreibt er an Zelter, wie er **den *Werther* wieder in die Hand genommen** habe. **Da begreift man nun nicht, wie es ein Mensch noch 40 Jahre in einer Welt hat aushalten können, die ihm in früher Jugend schon so absurd vorkam.**[187] Aber auch noch nach 50 Jahren wird ihm Werthers Gestalt fremd und **unheimlich. Das ist auch so ein Geschöpf, das ich gleich dem Pelikan mit dem Blute meines eigenen Herzens gefüttert habe** [...] **Es sind lauter Brandraketen!**[188]

Sehr viel distanzierter und abgewogener stellt er die Wertherzeit in *Dichtung und Wahrheit* dar (12.–13. Buch, 1812–1813). Der Rückblick auf die Wetzlarer Zeit ist liebevoll verklärend. Er spricht von **lieblichen Verhältnissen**, die ihm **den Aufenthalt im Lahntale so hoch verschönten**[189], zeichnet mit moderat freundlichem Wohlwollen die Charakterbilder von Charlotte Buff und Christian Kestner, ein distanzierteres von Karl Wilhelm Jerusalem und erinnert sich alles in allem an eine glückliche Zeit:

> **So lebten sie den herrlichen Sommer hin, eine echt deutsche Idylle, wozu das fruchtbare Land die Prosa und eine reine Neigung die Poesie ergab. Durch reife Kornfelder wandernd erquickten sie sich am taureichen Morgen; das Lied der Lerche, der Schlag der Wachtel waren ergetzliche Töne; heißen Stunden folgten ungeheure Gewitter, man schloß sich nur desto mehr aneinander** [...] **Und so nahm ein gemeiner Tag den andern auf, und alle schienen Festtage zu sein; der ganze Kalender hätte müssen rot gedruckt werden.**[190]

Im 13. Buch aber legt Goethe offen, in welche tiefe Lebenskrise ihn der Wetzlarer Sommer geworfen hatte. Die Erzählung von der Entstehung des *Werther* verbindet er mit der Beschreibung des **Taedium vitae**, der Krankheit des **Lebensekels.** Er verwendet den Begriff auch in seinem Trostbrief an Zelter, dessen Stiefsohn Selbstmord begangen hatte (3. Dez. 1812).

Die Symptome dieser Krankheit werden zwar aus einer leise ironischen Distanz, aber doch rückhaltlos offen dargestellt. Der Autor bekennt, dass er **selbst in dem Fall war.**[191] Gleichzeitig bezeichnet er sie aber als eine **Gesinnung**, die **so allgemein war, daß eben *Werther* deswegen die große Wirkung tat.**[192] Er habe **das Innere eines kranken jugendlichen Wahns öffentlich und faßlich** gemacht.

Wie sehr ihn auch noch in seinem 63. Lebensjahr die Not seiner Jugendjahre aufwühlte, zeigt ein Entwurfsschema zum 13. Buch von *Dichtung und Wahrheit:* **Taedium vitae, düstre Lebenslast, periodisch**

wiederkehrend.[194] In der Ausarbeitung klingt es dann allerdings eher spöttisch verharmlosend, wenn er erzählt, wie er sich jeden Abend einen Dolch neben das Bett gelegt, **die scharfe Spitze ein paar Zoll tief in die Brust zu senken** versucht, dann aber **alle hypochondrischen Fratzen** hingeworfen und stattdessen **eine dichterische Aufgabe** auszuführen beschlossen habe.[195] Er habe den *Werther* in vier Wochen niedergeschrieben, **ohne daß ein Schema des Ganzen oder die Behandlung eines Teils vorher zu Papier gebracht gewesen.**[196] **Das alte Hausmittel** der **poetischen Beichte**[197] hatte wieder seine Wirkung getan.

4.4.2 *Die »Trilogie der Leidenschaft«*

Die in den Jahren 1823/24 entstandenen drei Gedichte »An Werther«, »Elegie« und »Aussöhnung« hat Goethe in der Werkausgabe von 1825 unter dem Titel *Trilogie der Leidenschaft* zusammengefasst. Die Reihenfolge der Trias ist gegenläufig zu den Entstehungszeiten. *An Werther* entstand fünf Monate nach dem schmerzlichen Abschied von Ulrike von Levetzow in Marienbad und lässt eine **Aussöhnung** mit dem Schicksal keineswegs erkennen.

Als der erste Verleger des *Werther*, Buchhändler Weygand in Leipzig, 1824 an Goethe mit der Bitte um ein Vorwort für die Jubiläumsausgabe zum 50. Jahrestag der Erstausgabe des Romans herantrat, wurde dem Dichter bewusst, dass er nach 50 Jahren wieder in einer ›Werthersituation‹ stand. Den Gedanken, dass Werther ein untergegangener Teil seiner selbst sei, hatte er schon 1808 gegenüber Sartorius ausgesprochen: [...] **daß es zwei Personen in einer gewesen, davon die eine untergegangen, die andere aber leben geblieben ist** (nach Trunz, H. A. 6, S. 538). Statt der Vorrede erhält Weygand das Gedicht »An Werther«, ein schmerzliches Selbstbekenntnis, **das Äußerste an Skepsis und Resignation in Goethes hoher Lyrik.**[198]

Werther, der **vielbeweinte Schatten,** erscheint als **Freund.** Er lächelt, er hat das glücklichere Los gezogen, weil er nicht, wie der **überlebende Dichter,** von wiederholter Not verschlungen wurde.

Zum Bleiben ich, zum Scheiden du erkoren
Gingst du voran – und hast nicht viel verloren.

Das Wort **Scheiden** klingt nach in den beiden letzten Strophen: **Das Wiedersehn ist froh, das Scheiden schwer,** und schließlich: **Scheiden ist der Tod.** Der Abschiedsschmerz der Marienbader **Elegie** ist fast noch überboten.

Die Schlusszeile schlägt den Bogen zum *Tasso*, ein Hinweis auf eine weitere **wiederholte Not.** Aber im Gegensatz zum Schluss des Dramas ist jetzt der Satz im unerfüllten Modus des Wunsches formuliert: **Geb' ihm ein Gott zu sagen, was er duldet.**

Wohl um dem Schmerz nicht das letzte Wort zu lassen, steht das Gedicht »Aussöhnung« am Schluss der Trilogie. Die Huldigung an die polnische Pianistin Maria Szymanowska, der GOETHE in Marienbad begegnet war, ist ein Hinweis auf die lösende und erlösende Rolle der Kunst:

Da schwebt hervor Musik mit Engelsschwingen,
Verflicht zu Millionen Tön' in Töne,
Des Menschen Wesen durch und durch zu dringen,
Zu überfüllen ihn mit ew'ger Schöne.

4.5 Tendenzen der Wertherforschung im 20. Jahrhundert

Die biografische Detailfreudigkeit der GOETHE-Philologie des 19. Jahrhunderts mit ihren pedantischen Punkt-für-Punkt-Nachweisen von Beziehungen zwischen Leben und Werk wurde in unserer Zeit von historisch weit ausgreifender ideengeschichtlicher Zusammenschau, von gestalthaft ganzheitlicher Betrachtung und soziologischer Systemhaftigkeit ersetzt. Heinz Kindermann[199] hat es unternommen, in der ungeheuren Flut der neueren GOETHE-Literatur die Strömungsrichtungen zu bestimmen. Welche Richtung nahm dabei die Werther-Interpretation?

Hier können auf engem Raum nur sehr generalisierend einige gegenläufige Tendenzen der Forschung gezeigt werden. Wenn man sich genauer mit ihr befasst, sieht man in ihr die bestimmenden philosophischen Ideen unseres Jahrhunderts wie in einem Hohlspiegel fokussiert. Nietzsches Antihistorismus z. B. widerspiegelt sich in Friedrich Gundolfs mythisierender, von georgescher Geistesweihe getragener Schau GOETHES; Ernst Cassirer mit seiner Antinomie von *FREIHEIT UND FORM*[200] wirkte auf H. A. Korff und Fritz Strich; Georg Lukács[201] will mit dem Instrument der marxistischen Dialektik Widersprüche und Beziehungen zwischen ökonomischer Basis und ideellem Überbau aufdecken; Herbert Schöffler schließlich steht im Banne der heideggerschen **Seinsvergessenheit.**[202]

Der Deutschunterricht folgte in den letzten Jahrzehnten den Tendenzen der GOETHE-Forschung mit extremen Schwankungen. Der hohen geistesgeschichtlichen Abstraktion folgte ein krasser soziologischer Anti-Idealismus. Vielleicht ist es an der Zeit, den Dichter selbst wieder sichtbar zu machen, nicht als *Olympier* und *Geistesheros*, sondern als Menschen, der seine Daseinskrisen durch dichterische Verbildlichungen versuchte zu bewältigen bzw. zu lösen.

Die folgenden kurz referierenden Hinweise auf einige tendenziell unterschiedliche Werther-Interpretationen sind als Orientierungshilfe gedacht.

Friedrich Gundolf (a.a.O., S. 162–184) sieht in Werther eine Figuration des **kosmischen, titanischen Menschen, einen Titanen der Empfindung**, so wie Prometheus ein **Titan des Schaffens** ist. Seine Tragödie ist ein **Gleichnis für die stete innere Gefahr des allfühlenden Menschen** in der **rationell und zweckhaft geordneten Gesellschaft.** Sein **Ganymedgefühl der Vergötterung des Augenblicks** führt ihn in Konflikt mit der bürgerlichen Vernunft. Mit seinem Selbstmord tritt er aus dem Zeitmilieu des Rokoko in eine Welt des **Tragisch-Heroischen.** Er erweitert damit die **bürgerlich zahmen Vernunftgrenzen ins Irrationelle.** Der tiefere tragische Konflikt aber spielt sich im Innern Werthers ab: Er endet in der Selbstzerstörung, als er **sein Titanentum seiner Liebe opfert.** Darin sieht Gundolf den Gegensatz Werthers zum Faust, der **seine Liebe seinem Titanentum opfert.**

Karl Viëtor[203] ordnet seine Interpretation **in das von Korff gebahnte geistesgeschichtliche Profil** ein. Der junge GOETHE verkörpert für ihn **die Revolte gegen das rationale Kulturideal des 18. Jahrhunderts** (S. 11). Historisch typisierend verweist er auf die zeitgeschichtliche Symptomatik, die diesen Roman kennzeichnet. Darin wird ein **sozialer Zustand** gezeigt, um den **die Seelenkräfte in sich gestaut, die aktiven Strebungen auf sich zurückgeworfen wurden** (S. 39). Der **Übergang aus dem sentimentalen Zustand der Jugend in die Sphäre männlicher Aktivität gelingt nicht** (S. 42). Werther **erstickt an der Fülle seines inneren Lebens** (S. 43). **Goethes Äußerungen lassen keinen Zweifel darüber, wo er in der Außenwelt den Grund für Werthers Untergang findet. Es sind die fatalen Bedingungen, unter denen die intellektuelle Jugend des Zeitalters zu leben hatte** (ebd.). Wie in anderen Gestalten der Jugenddichtung GOETHES *(GÖTZ, CLAVIGO, PROMETHEUS)* sieht Viëtor in Werther die **Problematik des Geniemenschen** dargestellt, die **Katastrophe einer Individualität, die ihrem Verlangen nach Größe und Ungebundenheit nicht gewachsen ist** (38). **Das alles war charakteristisch für den genialischen Männertypus der Zeit** (ebd.).

Emil Staiger[205] setzt sich gegen eine derartig historisierende Betrachtungsweise ab, wenn er betont: **Das Kunstwerk ist unser Gegenstand.** Er erklärt nach dem Prinzip der Werkimmanenz das Einzelne aus dem Ganzen. Werthers Wesen sieht er in seiner Sprache gespiegelt. **Goethe verzichtet in einem bisher unerhörten Maß auf vorbestimmte Ordnung der Sprache. Der üblichen logischen Scheidung der Teile zieht er die musikalische vor.** Ein Ach! Werthers sagt dabei mehr als **die ausführlichsten psychologischen Exkurse Wielands im** *AGATHON.* Werthers Sprache drückt seine übersteigerte Erwartung an das Leben aus: [...] **die dauernde, immer frisch aus herzlichen Tiefen erneuerte Einstimmigkeit der inneren und der äußeren Welt.** Diese Erwartung erfüllt sich ihm in der Liebe zu Lotte, die ihm dadurch **zum Bürgen seiner lebendigen Gotteswelt** wird. **Den Goetheschen Kosmos begründet und erhält allein die glückliche Liebe. – Werther ist kein Revolutionär,** sagt Staiger (S. 158). Darin widerspricht ihm Georg Lukács[206]: **Werther tötet sich gerade, weil er von seinen humanistisch-revolutionären Idealen nichts aufgeben will** (S. 39). Lukács bezeichnet die ideengeschichtlich geprägten Interpretationen von Unger, Korff, Strich u. a. als **bürgerliche Literaturlegenden** (S. 19), geboren aus dem **Haß der reaktionären Bourgeoisie gegen die revolutionäre Aufklärung** (S. 20) und aus dem Bestreben, **die irrationalistischen Tendenzen der bürgerlichen Dekadenz zu verherrlichen** (S. 21).

Er argumentiert mit einer polemischen Schärfe, die den Ton politisch-ideologischer Tageskämpfe in die Literaturwissenschaft hineinträgt. Ihn erbost vor allem die Behauptung eines Gegensatzes zwischen Aufklärung und *Sturm und Drang*, zwischen Vernunftglauben und Irrationalismus. Er sieht beide Bewegungen durch eine gemeinsame emanzipatorische Tendenz verbunden, beide sind ihm Ausdruck des gleichen bürgerlich-revolutionären Humanismus. Die Sturm-und-Drang-Bewegung ist für ihn nicht eine Überwindung, sondern eine Erweiterung der Aufklärung um die Dimension des Gefühls.

Im Sinne von Lukács und sich auf ihn berufend, aber in differenzierterer Sprachform, interpretiert Klaus R. Scherpe den Roman.[207] Er skizziert die moralisch-weltanschauliche Disposition des deutschen Bürgertums im 18. Jahrhundert: **Vernunft** herrscht **als sittliche Macht und als Garant bürgerlicher Ordnung** [...], **ökonomische Tugenden: Fleiß, Sparsamkeit, Gewissenhaftigkeit und Pflichterfüllung** (S. 19). Werthers Denkart ist ein Affront gegen das bürgerliche Selbstverständnis. **Die Bürgeridylle, die die Antagonismen ihrer verbindlichen Ordnung bewußt verdeckt, und die Wertheridylle, die subjektive Freiheit ohne gesellschaftliche Bindungen verheißt, waren nicht zu versöhnen** (S. 52). Werthers **unio mystica** mit der Natur ist ein **Fluchtmodell** aus der Wirklichkeit bürgerlicher Ordnungen (ebd.). **Der Fall Werther entlarvt die bürgerliche Gesellschaft in ihrer Unfähigkeit, sich selbst Ziele zu setzen, die über die Selbstgenügsamkeit privater Glückseligkeit, den Selbstzweck williger Pflichterfüllung und den leidenden Gehorsam gegenüber den politischen Mächten hinausgehen** (S. 87).

Herbert Schöffler[208] befasst sich vor allem mit Werthers Religiosität und deren Passionscharakter. Als Werthers **Anschauung von den letzten**

Dingen ergibt sich ein dynamischer Pantheismus, die Natur des All wird Gott (S. 162). Werther empfindet seinen Tod als **Opfertod,** seine Geschichte ist **der erste Leidensbericht mit pantheisierender Gottesidee. Zum ersten Male wird ein Geschehen gezeichnet, das vernichtet und doch ohne Gegenspieler waltet** (S. 181).

Schöffler weist auf die Inkohärenz der beiden Teile des Romans hin. Der **Glückssommer** des ersten Teils beruht ganz auf GOETHES Selbsterleben. Die ossianische Verdüsterung im zweiten Teil ist das anerlebte Jerusalem-Schicksal. Hier waltet nicht Erleben, sondern eine Idee. **Wir glauben trotz der in sich überzeugenden Züge die Naht zu fühlen, in der Goethe- und Jerusalem-Erlebnis aneinanderstoßen** (S. 157).

Die Vateranrufe, die religiöse Symbolik des Kelchs und des Weinstocks, Werthers **Charisma, das er Kindern gegenüber erweist, lassen an einen anderen denken, der die Kindlein zu sich kommen ließ** (S. 164). Die Selbstidentifikation Werthers mit dem leidenden Christus weist auf einen **aus pantheistischen Gründen aufdämmernden Säkularisationsprozeß** hin. **Werthers Krankheit zum Tode wächst unheimlich aus der Vereinsamung des Menschen hervor, der seinen letzten metaphysischen Halt verlor.**[209]

Hans Reiss will den Blick von der biografischen und ideengeschichtlichen Werkinterpretation ablenken und wieder mehr auf die Sprache des Werkes gerichtet sehen. **Gerade in der Sprache und ihren Bildern liegt die innere Einheit verborgen, die von dem äußeren Schema des Romans zwar sichtbar gemacht, aber auch verdeckt wird** (S. 16). **Werther ist als Mensch durch seine Ausdrucksweise gekennzeichnet** (S. 24). Reiss analysiert die Sprache Werthers als Mittel der indirekten Charakterisierung an mehreren exemplarischen Belegen und setzt sie gegen Wielands Rokokosprache ab. **Unmittelbarkeit** und **direkter Bezug auf Geschehen und Erlebnis** sind Kennzeichen von Werthers Briefstil (S. 28). Darin drücke sich **eine Antithese von Außen- und Innenwelt aus, woran Werther am Ende zugrunde geht** (S. 28 f.).

Karl Robert Mandelkow konzentriert sich ganz auf die Rezeptionsgeschichte. Die unmittelbare Wertherkritik der Zeitgenossen GOETHES sieht er durch einen Widerspruch geprägt: Der *WERTHER* sei die Antwort auf eine Rezeptionserwartung gewesen, **die Kernstücke des avanciertesten Flügels der Aufklärungsästhetik war, in der Erfüllung dieser Erwartung jedoch die Grundlage, auf der sie ruhte, aufhob** (S. 37). Damit entscheidet Mandelkow den Begriffsstreit zwischen Lukács und Korff, ob der *WERTHER* ein Werk der Aufklärung oder der Antiaufklärung gewesen sei, mit einem **weder-noch.** Der *WERTHER* hat dem Bedürfnis des aufgeklärten bürgerlichen Publikums nach **lebhafter Rührung,** wie es sich in

Sulzers *Allgemeiner Theorie der schönen Künste* (1774) artikulierte, **in geradezu idealer Weise entsprochen** (S. 37). Goethe hat demnach die bürgerliche Aufklärung nicht durch den Widerspruch zu ihr, sondern durch ihre Übersteigerung **aufgehoben.**

Mandelkow stellt fest, dass **die gesamte weitere Wirkungsgeschichte des Autors Goethe durch die Hypothek, der weltberühmte Verfasser des *Werthers* zu sein,** belastet war (S. 43). Seine späteren Verdikte gegen seinen Jugendroman haben ihren Grund sicher auch im Leiden unter dieser Fixierung.

5 Variationen des »Werther«-Themas im 20. Jahrhundert

5.1 Thomas Mann, »Lotte in Weimar«

Thomas Mann hat seine Romanhandlung im Wesentlichen aus drei Briefzeugnissen der Familie Kestner aus den Jahren 1815 und 1816 entwickelt. Charlotte Kestner, ihr Sohn August und ihre Tochter Klara äußern sich darin kritisch distanziert über GOETHE.

August Kestner und sein Bruder Theodor hatten am 30. August 1815 um ein Gespräch mit dem Dichter gebeten, als er bei den Willemers in der Gerbermühle bei Frankfurt zu Gast war. In Augusts Bericht über die Begegnung klingt schon ein leises Befremden über GOETHES Altersgehabe an, das ein Jahr später in Charlottes und Klaras Briefen noch entschiedener zum Ausdruck kommen wird (s. Materialien 5): **In seiner Miene und seinem Betragen war eine stete Beobachtung seiner selbst zu bemerken, und es fehlte die Unbefangenheit, die notwendig ist, den Umgang und das Gespräch behaglich zu machen.**[210]

August fand **in den Augenhöhlen und auf der Stirn Goethes nicht die Heiterkeit eines Menschen, der mit der Welt im Klaren ist.**[211]

Im September 1816 begegnete Charlotte selbst ihrem einstigen Verehrer, zum ersten Mal seit dem Sommer 1772. Aus dem 23-jährigen Hospitanten am Wetzlarer Kammergericht ist aber unterdessen der nobilitierte Geheime Rat am Hof zu Weimar geworden. Thomas Mann macht die hintergründigen psychologischen Motive sichtbar, die hinter Lottes Weimarer Besuch gestanden haben mögen, der nach außen nur ihrem Schwager, einem Weimarer Hofbeamten, und dessen Familie galt. Aus ihrem Brief an den Sohn August klingt eine tiefe Enttäuschung: **Ich habe eine neue Bekanntschaft von einem alten Manne gemacht, welcher, wenn ich nicht wüßte, daß es Goethe wäre, und auch dennoch, keinen angenehmen Eindruck auf mich gemacht hat.**[212]

Noch vernichtender urteilt ihre Tochter Klara, die sie auf dieser Reise begleitet hatte:

> **Leider waren alle Gespräche, die er führte, so gewöhnlich, so oberflächlich, daß es eine Anmaßung für mich sein würde, zu sagen, ich hörte ihn sprechen, oder ich sprach mit ihm, denn aus seinem Innern oder auch nur aus seinem Geiste kam nichts von dem, was er sagte.**[213]

Diese merkwürdig ichbefangenen Dokumente enttäuschter Verehrung und Liebe inspirierten Thomas Mann zu seiner geistvoll psychologisierenden Romandichtung. Sie enthält das feinsinnig und einfühlsam gezeichnete Porträt der verwitweten Hofrätin Kestner, einer trotz ihres nervösen Kopfwackelns immer noch sehr resoluten alten Dame, die im inneren Widerstreit zwischen verklärter Vergangenheit und befremdender Gegenwart das Geheimnis der goetheschen Wandlungen erfährt und in dem geisterhaft, zwischen Realität und Irrealität schwebenden Schlussgespräch in GOETHES Wagen ahnungsweise begreift. Ein Zyklus von Gesprächen und inneren Monologen umkreist im ständigen perspektivischen Wechsel die Person des alternden Dichters und das Problem seiner personalen Identität in den Metamorphosen des Lebens. Darin eingewoben ist ein Mutter-Tochter-Konflikt zwischen der Generation der Empfindsamen von einst und einer neuen, herb realistischen nachrevolutionären Jugend. Das alles spielt vor dem Hintergrund einer kleinstaatlichen Residenz mit ihren vielfältigen sozialen Abhängigkeiten, seinem Untertanengeist – auch GOETHE hat hier seine Untertanen –, ihrem Gesellschaftsklatsch und ihrem steifen Zeremoniell.

Mit seinen vielen sublimen Bezügen zu GOETHES Leben und Dichtung ist der Roman ein kunstvolles, beziehungsreiches Geflecht aus GOETHE-Biografie und dichterischer Erfindung. Seine eingehende Behandlung im gymnasialen Deutschunterricht ist wohl zu schwierig. Als Additum zu einem Leistungskurs hingegen bietet sich an ausgewählte Passagen des Romans nach häuslicher Lektüre mit dem *WERTHER* zu kontrastieren. Interessant wäre sicher auch ein Vergleich der historischen Lotte mit beiden Romangestalten. (Vorschläge zur Thematisierung finden sich in den Unterrichtshilfen.)

5.2 Ulrich Plenzdorf, »Die neuen Leiden des jungen W.« (Erzählfassung)

5.2.1 Die Aktualisierung der Wertherfigur

Die Figur ist keine Reinkarnation Werthers in Blue Jeans. Plenzdorf hat **neue Leiden** beschrieben, keinen neuen Werther. Sein Held, den er in schmissigem Verfremdungsstil den **jungen W.** nennt, ist ein junger Mann in einer kritischen Selbstfindungsphase, schwankend zwischen Nonkonformismus und Anpassung. Er sucht eine Sondersprache um verschlüsselt das auszudrücken, was ihn innerlich bewegt, und findet sie im *WERTHER*. GOETHES Text dient ihm als **Code** (S. 19). Im antiquierten Stil der Empfindsamkeit drückt er signalhaft aus, was der moderne Teenager in seiner Gefühlsscheu nur indirekt sagen kann. **Wer alles sagt, ist vielleicht kein Mensch mehr** (S. 86).

In westlichen Industriegesellschaften wäre der **Typ W.** mit seinem flapsigen Jargon und seiner schlaksigen Rebellenpose eher Regel als

Ausnahme, in der sozialistischen ehemaligen DDR der siebziger Jahre bleibt ihm zur Selbstverwirklichung nur der Weg des Aussteigers.

Dabei ist der **Jugendfreund** Wibeau zunächst ein Musterschüler und Musterlehrling, **Durchschnitt eins Komma eins** (S. 9). Er wird nicht auffällig, weil er **Muttern keinen Ärger machen wollte** (S. 22). Aus Rücksicht auf sie, die Parteifunktionärin und Leiterin seines Ausbildungsbetriebes, leistet er sich nicht einmal die harmlose jugendliche Protestgebärde einer Beatlesfrisur.

Dann aber geschieht das Unbegreifliche: Edgar Wibeau, der nach Meinung seiner Ausbilder **intelligente, gebildete, disziplinierte Junge,** dieses **Prachtstück** (S. 39), lässt in einer spontanen Wutreaktion seinem alten Lehrmeister eine schwere Eisenplatte auf den Fuß fallen. Der Anlass ist aufschlussreich: Meister Flemming hatte ganz arglos Edgars Familiennamen deutsch ausgesprochen, so wie er ihn las: **Wiebau.** Mit seinem französischen Namen aber verknüpft sich für den jungen W. das Bewusstsein seiner Sonderrolle. Ein naiver Stolz auf seine vermutete hugenottische Abstammung hilft ihm sein unsicheres Selbstgefühl zu festigen. Dahinter steckt auch die Suche nach seinem verlorenen Vater, den er seit dem fünften Lebensjahr nicht mehr kennt und dessen Existenz seine Mutter ihm verheimlicht. Sie will beweisen, **daß man einen Jungen auch sehr gut ohne Vater erziehen kann** (S. 23). Edgar entwirft sich sein eigenes Vaterbild, in das er seine Wünsche und Sehnsüchte projiziert: einen antibürgerlichen Künstlertyp und Frauenhelden, **den schwarzen Mann von Mittenberg** (S. 21). (Die spätere Begegnung mit dem wirklichen Vater – S. 103 ff. – verläuft enttäuschend.)

Edgar Wibeau **schmeißt die Lehre** (S. 16). Er reist nach Berlin und quartiert sich in einer verlassenen Wohnlaube der Schrebergartenkolonie **Paradies II** ein. Dies ist der erste ironische Anklang an *Werther*. (vgl. Werther 6, Z. 26 ff.) **Paradies II** hat mit der **paradiesischen Gegend** des Lahntals wenig gemeinsam, es ist ein Abbruchgelände, ein ungeräumter Bauplatz. Dort aber durchlebt W. die erste unbehinderte Zeit einer glückhaften Selbstverwirklichung. Er schläft lange, tanzt selbstvergessen nach seinen geliebten Beat- und Soul-Kassetten (**Nicht irgendein Händelsohn-Bacholdy, sondern echte Musik, Leute** – S. 26), malt abstrakt und liest. Das alte Reclamheft auf dem Plumpsklo, dessen Frontseite und Nachwort er im Dunkeln zu dem Zweck benutzt hatte, zu dem es dort deponiert war, dessen Titel und Verfasser er also nicht kennt, will er zunächst in die Ecke werfen. Dieser **unmögliche Stil** (S. 19), dieses **Althochdeutsch** widert ihn an. Allmählich aber sieht er mit wachsender Faszination sich selbst darin gespiegelt. (Nebenbei: der Idealfall einer unbefangenen Klassikerlektüre.) **Ich hätte nie daran gedacht, daß ich diesen**

Werther mal so begreifen würde (S. 124). Wibeaus außergewöhnliche Fähigkeit, einmal Gelesenes im Gedächtnis zu behalten, setzt ihn instand seine Mitwelt mit GOETHE-Zitaten zu verblüffen, die – vielleicht ein ironischer Seitenhieb gegen die **allseitig** gebildete DDR-Gesellschaft – keiner erkennt, nicht einmal der Germanistikstudent Dieter. Das Spiel dient W. teils zur Selbstverteidigung, teils zur Selbsterkenntnis.

Im *WERTHER* erkennt Wibeau auch das Modell seiner eigenen Liebe. Er nennt sein Mädchen **Charlie** im Anklang an Werthers Charlotte. Sie ist die erste Frau, die er nicht nur **rumkriegen**, sondern auch **haben** will (S. 46). Der Werthertext liefert ihm wieder die Formel für sein Befinden: **In ihrer Gegenwart schweigt alle Begier.**

Die Kindergärtnerin Charlie ist wie Werthers Lotte an einen Verlobten gebunden, einen DDR-Mustermenschen mit freiwillig verlängertem NVA-Dienst, ein mit sozialkritischer Ironie verfremdetes Pendant zum Aufklärungsmoralisten Albert.

Die Handlung entwickelt Plenzdorf nun in freier Form nach dem Muster des *WERTHER*. Charlie heiratet den strebsamen Vorzugsstipendiaten Dieter, fühlt sich aber nach wie vor angezogen von Edgars Spontaneität und Fantasie. Edgar hat wie Werther ein Talent mit Kindern umzugehen, fühlt sich als Künstler, ja als **verkanntes Genie** (S. 25), durchlebt Eifersuchtsqualen, korrespondiert darüber mit seinem Freund Willi, zeichnet, ganz im Wertherstil, einen Schattenriss seines Mädchens, kurz, er führt eine von aller sozialistischen Regel losgelöste Existenz. Er entsagt seiner Liebe und stirbt, wie Werther, kurz vor Weihnachten. Auf einer Motorbootfahrt vor der ossianisch trüben Regenkulisse der winterlichen Spree hatte Charlie ihm den ersten und einzigen Kuss erlaubt und war davongelaufen.

In den wesentlichsten Zügen aber hat Plenzdorf die Parallele vermieden. Wibeau verzweifelt nicht, sondern bewahrt bis ans Ende seinen jungenhaft optimistischen Humor. **Vergnatzt war er nie** (S. 102). Er verachtet seinen Liebesrivalen als **Kissenpuper** (S. 37), arbeitet in einer Baubrigade und träumt von seiner triumphalen Selbstbestätigung als **großer Erfinder** (S. 119). W. hat im Gegensatz zu Werther keinerlei Beziehung zum Religiösen, er ist ein ganz diesseitiger, lebenszugewandter Jungarbeiter mit originellen Trotzgebärden. Er ist kein Selbstmörder. **Ich hätte nie im Leben den Löffel freiwillig abgegeben** (S. 147). Dass er **über den Jordan** ging (S. 16), war ein Unfall, keine Flucht aus dem Leben. Die sich anbietende Parallele von Dieters Luftgewehr zu Alberts Pistolen (S. 81) bleibt unausgeführt. Bei aller Abweichung von sozialistischen Erziehungsnormen ist Edgar Wibeau eben doch ein **positiver Held.**

5.2.2 *Sprache und Erzählform*

Die Erzählung ist eine kunstvolle Montage aus Dialogen, langen Erzählpassagen des toten Edgar Wibeau, der sich aus dem **Off** des Jenseits in die Dialoge einschaltet, und Textzitaten aus GOETHES *WERTHER*. Der Tod des *JUNGEN W.* wird im Rückwärtsgang enträtselt. Der Vater befragt nacheinander Edgars Mutter, Charlie, Edgars Freund Willi (= Wilhelm im *WERTHER*) und Addi, den Leiter der Baubrigade, über Edgars letzte Lebenstage. Edgar selbst hat keinen Gesprächspartner mehr; seine Richtigstellungen und Appelle bleiben ungehört von seinen Mitakteuren. Nur der Leser kommt in den Besitz der Wahrheit.

Eine besondere Funktion haben die Tonbandbriefe Edgars an Willi, die nur aus Zitatfetzen von Wertherbriefen bestehen. Edgar bezeichnet das als seine **beste Idee zeitlebens** und als **Jux** (S. 51). Es ist aber mehr, nämlich der Versuch, in einer zunächst fremden, ihm dann immer vertrauter werdenden antiquierten Gefühlssprache seine eigenen Gefühlserlebnisse mitzuteilen. Edgar Wibeau denkt und fühlt **wertherisch,** nachdem er in ein Wertherschicksal geraten ist. Vorher bezeichnet er diese Sprache als **reinen Mist** (S. 37). Dem *WERTHER* war allerdings ein anderes Leseerlebnis vorausgegangen: J. D. Salingers *FÄNGER IM ROGGEN*. Im witzelnd melancholischen Teenager-Slang eines geschassten amerikanischen Internatsschülers hatte Wibeau ausgedrückt gefunden, was er bisher nicht sagen konnte. Das ging ihm **ungeheuer an die Nieren** (S. 82). (Wibeaus Sprache ist eigentlich eine jugendsprachliche Variante des Salingerstils, die Plenzdorf aufgespürt hat.)

Nachdem Wibeau **old Werther** entdeckt hat, wird dieser seine **schärfste Waffe** (S. 82). Aber seine Botschaften, seine kodierten Liebeserklärungen und seine witzigen Zitateinwürfe werden nicht entschlüsselt. Selbst Charlie hält das alles für **Blech** und **krauses Zeug, […] völlig verschroben** (S. 57). Der Versuch, mithilfe der wertherischen Gefühlssprache aus seiner Gefühlseinsamkeit auszubrechen, führt Edgar Wibeau nur tiefer in die Isolierung.

5.2.3 *Der Typus des ›Abweichlers‹*

Ein Grund für Edgars Flucht ins Anarchische ist seine Furcht vor dem Ritual der ›Selbstkritik‹ (S. 15). Die Methode ist in Wolfgang Leonhards autobiografischem Rückblick *DIE REVOLUTION ENTLÄSST IHRE KINDER* entlarvend dargestellt. Sie diente zur Brechung der Persönlichkeit, zur Unterordnung des individuellen Eigenwillens unter den Willen der Partei. In schriftlicher oder mündlicher Form, meist vor dem versammelten Kollektiv der Partei- oder Jugendorganisation, wurden dem **Ab-**

weichler hemmungslose Reuebekenntnisse abverlangt nach dem Muster **Was sagt der Jugendfreund Edgar Wiebau (!) zu seinem Verhalten zu Meister Flemming?** (S. 15) Wibeau lehnt sich gegen diese Selbstentwürdigung auf. **Man muß dem Menschen seinen Stolz lassen.** (S. 15) Er zeigt dabei ein ganz unsozialistisches, antiegalitäres Selbstbewusstsein, eben seinen **Hugenottenstolz.** Nach den Begriffen der (damaligen) DDR-Erziehungsideale ist er der typische **Abweichler, der sich selbst verwirklichen will, statt sich den von der Ideologie vorgegebenen Normen zu unterwerfen.** Die Aufsatzfrage, wer sein Vorbild sei, beantwortet er mit: **Edgar Wibeau. Ich möchte so werden, wie er mal wird** (S. 15).

5.2.4 Die gesellschaftskritische Tendenz

Der DEFA-Filmemacher Ulrich Plenzdorf hat sein Selbstporträt in die Erzählung eingeschmuggelt, wahrscheinlich in der Absicht, in verschlüsselter Form Kritik an der literarischen Gängelung der Filmautoren durch Staat und Partei anzubringen (S. 39 ff.). Es spricht manches dafür, dass er selbst der **Filmschöpfer** ist, mit dem die Berufsschulklasse Wibeaus über sein **Werk**, einen DDR-Jugendfilm mit **positiver Tendenz**, diskutieren muss. Es geht um einen **Abweichler**, der wieder **eingereiht** wird, ein nützliches Mitglied seines Kollektivs, ein **prachtvoller Junge** (S. 40). **Unser Prachtstück** hieß Wibeau ja auch in seiner Lehrwerkstatt, bevor er ausbrach (S. 39). Die eingedrillte Diskussion der Schulklasse mit dem Filmteam, die vorgestanzten Argumente und Parolen lassen den Filmautor in ein verdrossenes Schweigen verfallen. Wibeau hat von ihm den Eindruck, **daß er eine unwahrscheinliche Wut im Bauch hatte** (S. 43). Plenzdorf hat in dieser Episode eine versteckte Begegnung des Autors mit seiner Figur inszeniert und sich dadurch selbst die Rolle eines Mitspielers in den Verhältnissen zugeteilt, die seine Erzählung kritisiert. Seine Kritik gilt einer Gesellschaft, die in Kunst und Propaganda idealisierte und verlogene Selbstbildnisse von sich fabrizierte und sie **realistisch** nannte. Plenzdorf entwirft dazu das Gegenbild, einen realen jungen Menschen, der das propagierte Ideal dieser Gesellschaft, die freie, selbst bestimmte, schöpferische Persönlichkeit, in sich verwirklicht, indem er ihren Idealisierungen widerspricht.

In einer Berliner Baubrigade findet Wibeau das Kollektiv, in das er sich willig **einreihen** möchte. Zwar wird er auch hier zunächst gefeuert, weil er mit seinen unkontrollierten Spontanreaktionen aneckt, aber die Kollegen holen ihn reumütig wieder zurück. (Hier gerät allerdings Plenzdorf selbst an die Grenze des sozialistischen Rührkitsches, den er doch gerade entlarven will.)

Plenzdorfs Idealfigur einer echten, nicht vorgespiegelten proletarischen Solidarität ist der alte Bauarbeiter Zaremba, Spanienkämpfer, Edelkommunist, über und über tätowiert mit Fahnen, Sternen, Hammer und Sichel, ja sogar einem Stück Kremlmauer (S. 90), ein Veteran des Klassenkampfes. Nach dem Krieg soll er als oberster Arbeiterrichter in Berlin fungiert und, als ein zweiter Dorfrichter Azdak (Brecht), in seinem böhmiakischen Dialekt originelle Urteile gefällt haben. Er ist der Erste und Einzige, der die Begabung Edgar Wibeaus ahnungsweise erkennt und seine Originalität richtig einschätzt. Die Erzählung klingt aus mit den Worten des biederen klassenbewussten Brigadeleiters Addi: **Wir durften ihn wohl nicht allein murksen lassen** (S. 148). Damit ist die sozialistische Moral auch bei Plenzdorf wieder in ihr Recht gesetzt.

Das noch in den achtziger Jahren beliebte Konzept einer vergleichenden Lektüre GOETHE/PLENZDORF trifft heute auf Schwierigkeiten. Die DDR-Problematik ist historisch geworden; ohne ausführliche Lehrerkommentierungen ist sie kaum noch verständlich zu machen. Sie lässt aber auch schon gleichgültig.

Die Frage aber, ob Plenzdorf mit seinem Text den Typus des modernen Jugendlichen in der Industriegesellschaft schlechthin getroffen hat, ist eine kritische Diskussion wert. Dazu könnten weitere Texte, die P. Grotzer (s. Literaturverzeichnis) unter den Begriff *Jeans-Prosa* subsumiert, herangezogen werden. Das wäre dann aber wieder ein eigenes Unterrichtsthema, das nicht primär der gegenseitigen Erhellung der Figuren Werther/Wibeau dient.

1 Unterrichtsmethodische Probleme der »Werther«-Lektüre

Hans Reiss[214] hat 1963 festgestellt, dass **Sprache und Geschehen, Form und Gehalt des *Werther* den unbefangenen jugendlichen Leser noch heute unmittelbar und lebendig ansprechen können** (S. 65).

Seit dieser Feststellung ist einige Zeit verstrichen, Lesegewohnheiten und Zeitgeschmack haben sich geändert, neue Unterhaltungsmedien verdrängen die Buchlektüre. Die Vermittlung von anspruchsvollen Klassikertexten ist schwieriger geworden; reziprok zur Überschwemmung mit Texten hat die Lesefähigkeit unserer Schüler nachgelassen; es fällt ihnen immer schwerer, eine komplizierte Satzkonstruktion zu verstehen, da ihnen im Alltag fast nur noch die primitive Parataxe von gereihten Aussagesätzen begegnet.

Es wäre falsch, deswegen den Unterrichtsanspruch zu senken. Schließlich kann man Goethe nicht auf ein Comic-Niveau herunterschrauben. Und ganz auf ihn verzichten? **Wer die Werke Goethes nicht in der Schule kennenlernt, wird sie wahrscheinlich überhaupt nicht kennenlernen,**[215] sagt Kurt Abels und fährt fort: **Aufgabe des Deutschunterrichts ist es heute und in Zukunft, ihn einen Dichter und Schriftsteller für alle sein oder werden zu lassen.** Der Anspruch greift hoch, er fordert unsere ganze pädagogische Hartnäckigkeit und Geduld. Ein Text wie *Werther* muss genau gelesen werden. Der Wert eines Textes erweist sich daran, ob es sich lohnt, ihn zu ›entziffern‹. Ich habe die Erfahrung gemacht, dass Schüler zuletzt das, was ihnen zunächst sperrig erschien, schätzten, gerade wegen seines Lernanspruchs.

Die erste Verständnisbarriere zum *Werther* liegt in seinem Sprachstil. Die Herzensseligkeit Werthers, die Goethes Zeitgenossen zum Schluchzen brachte, erscheint jungen Leuten unserer Zeit lächerlich und übertrieben. Eine zweihundertjährige Trivialisierung der Empfindsamkeitssprache hat sie zum Schnulzenstil degenerieren lassen. Das veranlasst Schüler den *Werther* kitschig zu finden.

Der Lehrer kann vor einem Dilemma stehen. Relativiert er die Sprache des Romans ins Philologisch-Historische, riskiert er Langeweile, betont er allzu sehr ihre dichterische Schönheit, erzeugt er Skepsis. Für dieses Problem gibt es kein Rezept. Mit allen Mitteln methodischer Kunst muss man an irgendeiner Stelle den Ring der Verständnisbarrieren durchbrechen um die Aktualität dieses Textes zu erweisen. Er hat nach Ernst Feise **die Feuerprobe bestanden, die notwendig war, um vom psychologisch geschulten Leser des 20. Jahrhunderts akzeptiert zu werden.**[216]

Goethes Jugendroman ist **ein Sozialgemälde** (Friedrich List)[217], die **Darstellung eines nervösen Charakters** (Ernst Feise)[218], ein **rettendes Bild in der Verzweiflung des Lebens** (Günther Müller)[219], **eine Tragödie ohne Schuld** (Herbert Schöffler).[220] So vielfältig wie die Interpretationsansätze, so zahlreich sind die didaktischen Möglichkeiten.

Mit den folgenden vier Verfahrensvorschlägen lassen sich unterrichtsmethodische Schwerpunkte setzen. Sie zielen aus unterschiedlichen Blickrichtungen auf das gleiche Objekt.

Der sprachästhetische Aspekt
Es gilt, die Aussage mithilfe der Textgestalt zu entschlüsseln, die Textgestalt durch die Aussage zu rechtfertigen. Man kann belegen, sammeln, sichten: auffällige Satz- und Wortformen, abgebrochene Sätze, syntaktische Auffälligkeiten, die Bedeutungsnuancen des Wortes ›Herz‹ und weitere semantische Auffälligkeiten, gehäufte Interjektionen, Bibelzitate, religiöse Symbole, die Verwendung des Ausrufungszeichens u. a. m. Stilistische Kontraste lassen sich vor allem im Vergleich des ersten mit dem zweiten Buch ermitteln, z. B. in den Positiv-Negativ-Umkehrungen der Landschaftsbilder.

Ergiebige Kontrastierungen ergeben sich auch aus den Charakterbildern der Personen, einer Gegenüberstellung Werthers mit Albert oder mit den sozialtypischen Gegenfiguren am Hof in ihrer karikierenden Darstellung. Ein Vergleich der Werthersprache mit dem Rokokostil (z. B. Geßner, Wieland) kann die Betrachtung abrunden. Alle Untersuchungen führen auf die Titelgestalt, auf die sprachliche Spiegelung der Welt in Werthers Person zurück. Werthers Sprache wird dabei als Ausdruck eines schrankenlosen Gefühlssubjektivismus erkannt, der die Gefahr birgt, den Menschen durch eine Überfülle von Innerlichkeit **zugrunde gehen** zu lassen (s. Brief vom 10. Mai).

Der biografische Aspekt
Hier bieten Kestners Briefberichte vom Wetzlarer Sommer[221] und ihr Vergleich mit dem Roman einen lohnenden Ausgangspunkt. Das Verhältnis von erlebter Wirklichkeit zur dichterischen Imagination kann dabei grundsätzlich durchdacht und erörtert werden. Der Kreis biografischer Fakten lässt sich je nach Intention und Interesse erweitern: in die Frankfurter Zeit vor und nach Wetzlar, die Lebenskrise von 1773, evtl. auch weiter zurück in die Straßburger und Sesenheimer Zeit oder nach Leipzig mit der stilistischen Werther-Vorform der Behrisch-Briefe. Der Briefwechsel mit Auguste zu Stolberg gibt das Beispiel einer verschwimmenden Grenzlinie zwischen Dichtung und Leben. Grundsätzlich aber muss dem Schüler bewusst werden, dass es um das Spannungsverhältnis des Dichters zu seinem Werk geht, nicht um deren Ineinssetzung. Der Gegenstand der Betrachtung heißt Werther, nicht Goethe.

Der epochengeschichtliche Aspekt

Hier wird das Werk in seinen kulturhistorischen Rahmen gestellt. Der Kontrast zwischen Rokokokultur und Wertherstil soll möglichst sinnfällig vor Augen geführt werden, z. B. der Wandel in Kleidung und Mode, im Verhältnis zur Natur, in der Park- und Gartengestaltung, der Herausforderung bürgerlicher Anstandsregeln und höfischen Zeremoniells durch das Geniegehabe, durch Wandern, Reiten, Reisen, Baden in Seen und Flüssen, durch die emanzipatorischen Gesten der offenen Haartracht (statt Zopf und Zopfbeutel), des losen Fracks (anstelle des Tressenrocks), der langen Stiefel (anstelle von Strümpfen und Schnallenschuhen). All dies muss als Reflex tiefer liegender sozialethischer Umbrüche verständlich werden. Ein Exkurs zu kulturkritischen Texten von Rousseau, Herder und Hamann zeigt den Zusammenhang zwischen Philosophie, Kunst, Literatur, Lebensform und Politik und legt die geistesgeschichtlichen Wurzeln der Wertherzeit bloß. Von dort muss allerdings der Blick auf den Roman zurückgelenkt werden, dessen epochengeschichtliche Merkmale danach plastischer hervortreten.

Der rezeptionsgeschichtliche Aspekt

Der Kellner Mager in Thomas Manns *Lotte in Weimar* liefert das idealtypische Bild eines Wertherrezipienten der Goethezeit: **Wenn ich denke, wie oft Madame Mager und ich uns zusammen mit zerflossenen Seelen über diese himmlischen Blätter gebückt haben** [...].[222] Genauere Belege für derartig sentimentale Wertherwirkungen und die Seelenverwandtschaft der Leser mit dem Werk liefern die zeitgenössischen Wertherrezensionen.[223] Der Gegentrend lässt sich an empörten Reaktionen der kirchlichen Orthodoxie und der bürgerlichen Moral zeigen (z. B. Goethes **Notwendige Antwort** [...]). Wertherkult und **Wertherfieber** können mit modernen Erscheinungen des Kunst- und Literaturbetriebs parallelisiert werden, z. B. mit der Vermarktung eines Bestsellers. So kann das **Produkt Werther** zum Ausgangspunkt einer über das Werk hinausgehenden kulturkritischen Diskussion genommen werden, die aber auch hier wieder auf das Werk zurückführen muss um seinen Eigenwert bewusst zu machen.

3 Zur didaktisch-methodischen Literatur

Schule und Unterricht sind offen gegenüber der Gesellschaft; sie nehmen Stimmungen und Strömungen des Zeitgeistes in sich auf. Das ist auch an der Methodendiskussion des Deutschunterrichts abzulesen. Das soziale Bewusstsein der letzten Jahrzehnte und seine Wandlungen haben an ihm Spuren hinterlassen.

Aus der Fülle der methodischen Literatur habe ich vier Aufsätze aus den Jahren 1948 bis 1987 herausgegriffen um an ihnen die wechselnden Trends paradigmatisch zu verdeutlichen. Dabei sind schon die Titel oder die Rahmenthemen, unter denen sie veröffentlicht sind, aufschlussreich:

- Begegnung mit klassischer Dichtung (1948)

- Gesellschaftskritische Literatur im Deutschunterricht, Beispiel ›Werther‹ (1973)
- Empfindsamkeit als Raum der Alternative (1977),
- Zurück zu Goethe (1987).

Noch ganz in der Tradition der *Erlebnispädagogik* steht Lore Ketzler, *Die Sprache des jungen Goethe. Versuch in einer Unterprima, Goethes Entwicklung durch Untersuchungen an seiner Prosasprache zu erhellen.*[224]

Die Verfasserin geht von der Sprachform aus: **Geist ist nur greifbar in der Form**, die **Begegnung mit dem Dichter ist Begegnung in der Sprache** (S. 14).

Auffällig ist Ketzlers Scheu vor begrifflicher Analyse. Sie spricht von der Abneigung ihrer Schülerinnen, **das, was sie stark nachempfinden, in die Helle des Bewußtseins zu heben** (S. 20), und sie respektiert das. Es geht ihr darum, Verständnis für **die innere Einheit von Gefühl und Form** (ebd.) zu erwecken, und zwar in weitgehend vorbegrifflicher Form. Bei der Behandlung des Wertherbriefes vom 10. Mai zeigte sich ihr, dass nur der das **Geheimnis dieser hymnischen Prosa und ihres mitreißenden Schwunges erspürt, der sich dem Aufschwung ganz hingibt, seiner aufsteigenden Kurve folgt, soweit er vermag** (ebd.).

Wie dieser **Aufschwung** unterrichtlich operationalisiert werden kann, wird nicht gezeigt. Eine nüchterne syntaktische Analyse des Wenn-Satzes im Brief vom 10. Mai zum Beispiel würde wohl kaum in Lore Ketzlers Unterrichtskonzept passen. Sprache ist für sie **der unmittelbare seelische Ausdruck der Person** (S. 14). Ein solcher erlebnishafter Umgang mit Dichtung im Unterricht kann beglückend sein, wenn er gelingt. Er lässt sich aber schwer thematisieren.

Auch Robert Ulshöfer bekennt sich noch 1964 mit Emphase zu einem Deutschunterricht der **Begegnung mit der Dichtung.** Für den Deutschlehrer gelte es, **der Jugend ein Helfer zu sein auf dem Weg zu einem eigenen Welt- und Selbstverständnis durch die Begegnung und Auseinandersetzung mit Sprache und Literatur.**[225] Die wissenschaftliche Interpretation dagegen **intellektualisiere** die Dichtung.[226]

Neun Jahre später aber empfiehlt Ulshöfer ein stark literaturtheoretisch orientiertes Konzept. In seinem Aufsatz *Gesellschaftskritische Literatur – Beispiel: Goethes Werther*[227] sieht er in der marxistischen Widerspiegelungstheorie eine **vom Lehrer zu vermittelnde Lernmotivation,** um das Interesse am *Werther* zu erwecken, der von den Schülern **nach der Lektüre der ersten Seiten heute in der Regel abgelehnt wird** (S. 18). Unter Bezug auf das Basis-Überbau-Modell und dessen Anwendung auf die Literatur wird Goethe in die ›Reihe der systemkritischen Autoren‹ aufgenommen (S. 19).

Der *Werther,* so heißt es, **ist ein im höchsten Grade revolutionäres literatur- und gesellschaftskritisches Werk** (S. 18). Ulshöfer beruft sich dabei auf Lenin (merkwürdigerweise nicht auf Engels, der doch der Erfinder dieser Theorie ist), den er mit der Meinung zitiert, auch ein nicht sozialistischer Autor müsse doch **wenigstens einige wesentliche Seiten der Revolution in**

seinen Werken widerspiegeln (S. 20). Der Lehrer solle eine Unterrichtseinheit **Revolutionäre Literatur der letzten zwei Jahrhunderte organisieren** (S. 18), in der der *WERTHER* dann seinen Platz finden könne.

Ulshöfer relativiert zwar im Folgenden seine Vorschläge, indem er auf die Verpflichtung zur Methodenvielfalt hinweist, aber gerade dabei überschätzt er das Vermögen der Schüler die erkenntistheoretischen Voraussetzungen der literatursoziologischen Methoden zu durchschauen. Der ideologiekritische Ansatz kann leicht in Ideologisierung umschlagen. Die Verengung der Wertherthematik auf ihre gesellschaftskritischen Motive reduziert das Werk auf einen kleinen Ausschnitt, die Gesandtschaftsepisode. Sie ist in umgekehrter Richtung genauso einseitig wie die Beschränkung auf das Gefühlserlebnis.

H. C. Finsen in seinem Aufsatz *EMPFINDSAMKEIT ALS RAUM DER ALTERNATIVE*[228] zielt auf die Divergenz zwischen sozial bedingter **Einschränkung** und individuell beanspruchter **Entgrenzung.** Die **Einschränkung** manifestiert sich nach Finsen in der Organisationsform des fürstlich absolutistischen **Bürokratismus** (S. 29), der die sozialen Beziehungen nach dem Prinzip der **Standesdemonstration** reguliert (S. 30). Dagegen **zeichnet sich die Person durch Wünsche aus, die aus ihr selbst emanieren** (S. 31). Durch das Lotte-Erlebnis gerät Werther in einen **alternativen Raum,** der **in der realen Gesellschaft undenkbar wäre** (S. 33), in einen **fiktiven, reinmenschlichen Raum** (S. 32). Es entsteht eine **zwischenmenschliche Beziehung, die sich nicht aus vorindividualistisch-bürgerlichen Intentionen generieren läßt** (ebd.). Das Stichwort *Klopstock* weist **auf den alternativen Raum hin, wo diese Begegnung allein möglich ist** (S. 33).

Finsens Interpretation der wertherischen Empfindsamkeit als eine Befreiung von **gesellschaftlichen Implikationen** ist interessant. Sie liegt im Trend der emanzipativen Ideen der siebziger/achtziger Jahre. Will man sie allerdings im Unterricht verwenden, muss man Finsens hochgetriebene sozialpsychologische Begriffssprache ins Allgemeinverständliche übersetzen. Statt: **Das Bewußtsein dieser Alternative löst beiderseits gesteigerte Empfindung aus** (Finsen, S. 33) könnte man ja auch einfach sagen: **Sie waren verliebt.**

Leo Kreutzer in *ZURÜCK ZU GOETHE! KLEINE REDE ÜBER REGRESSION*[229] geht vorsichtig auf Distanz zu den von Heine und Börne inspirierten politischen Verdikten gegen Goethe, wie sie seit 1968 Mode wurden. Er plädiert, indem er halb ironisch Freuds Regressionsbegriff in Anspruch nimmt, **für eine neue Lektüre Goethes,** weil sie **unsere Auseinandersetzung mit Entwicklungsphasen fördern kann, welche die Gegenwart und Zukunft unserer Gesellschaft fundamental betreffen** (S. 8). **Regredieren** bedeutet dabei **ein Aufsuchen von Niederschriften, die geeignet sind, Entwicklungsstufen unserer Gesellschaft wieder ins Spiel zu bringen** (ebd.), wie z. B. die Bewegung des *Sturm und Drang,* die besonders interessant ist, weil sie **das Emanzipationskonzept der Aufklärung über eine bürgerliche Bornierung hinauszutreiben** sucht (S. 9).

Unter den unterrichtsmethodischen Veröffentlichungen der letzten Jahre finden sich zwei, die wirklich hilfreich sind: Wolfgang Klug, *Gestaltungslinien in Goethes ›Die Leiden des jungen Werthers‹, Schema einer Schwerpunktinterpretation*[230] und Klaus Oettinger, *Eine Krankheit zum Tode. Zum Skandal um Werthers Selbstmord.*[231]

Klug analysiert den literarischen Aufbau des Romans. Die in der Einleitung umrissene Erzählstruktur setzt er dann in einen präzisen Fragenkatalog um, der der Erzählhandlung folgt und dem Lehrer einen kompletten Unterrichtsgang vorgibt.

Oettinger skizziert den historischen Prozess der Bewusstseinswandlung von der moralischen und juristischen Verdammung des Selbstmords im 18. Jahrhundert bis zu seiner Enttabuisierung. Dabei wird die Rolle des *Werther* in diesem Entwicklungsprozess deutlich. Das interessante Quellenmaterial – juristische und kirchenrechtliche Verfügungen, zeitgenössische Zeitungsberichte u. a. m. – bieten dem Unterricht eine Fülle farbiger Illustrationen. Solche Materialien mit ihren historischen Kontrastbildern bieten erfahrungsgemäß einen starken Interessenanreiz für die Lektüre. Sie machen klassische Literatur als ein in sich interessantes Stück Geistesgeschichte besser begreiflich als alle literaturtheoretischen und lebensphilosophischen Ideologisierungen.

4 Unterrichtssequenz

Einer rein werkimmanenten Behandlung des Romans steht seine historische Distanz entgegen. Der Schüler braucht literaturgeschichtliche, sprachästhetische und rezeptionsgeschichtliche Verständnishilfen. Die Gratwanderung

Grundkurssequenz

Stunden	Thema	Didaktische Aspekte (Inhalte/Ziele)	Methodische Realisierung/ Verlauf
1.	Einführung in Erzählinhalt, Erzählstil u. Figurenkonstellationen des Romans	Überbrückung des historischen Abstands zum Text. Erweckung von Interesse f. Personen, Thematik u. Erzählform des Romans	1) ›diagonale‹ Lektüre S. 3–20, Z. 23 (erste Erwähnung Lottes) 2) Erste Vermutungen über Inhalt, personale Beziehun-
2.	Einführung in die erzählperspektivischen Besonderheiten des Romans	Der Briefroman als besondere Form eines subjektiven Erzählstils. Abgrenzung gegen auktoriale Erzählform. Personencharakterisierung aus der Ichperspektive	1) Beziehungen zwischen epischer Form u. Inhalt: a) Die fortlaufend datierte Brieffolge als Handlungsstrang erkennen. b) Den mehrmaligen Wechsel von der Briefform zum Erzählbericht entdecken.

zwischen betrachtender Analyse und synthetischer Zusammenschau ist, wie so oft, das methodische Problem des Literaturunterrichts. Nicht ein geistesgeschichtliches Petrefakt, sondern ein lebendiges Dichtwerk ist schließlich unser Gegenstand.

Früheren Jugendgenerationen fiel es offenbar leichter, sich vom ›Wertherzauber‹ anrühren zu lassen. **Vor dem unendlichen Ansturm des Gefühls dieses Liebenden erliegen noch einmal unsere Herzen, wie vor allem, was vom Hauch ewiger Jugend berührt ist,** schwärmte man noch in den zwanziger Jahren. Die heutige Jugendgeneration steht meist fassungslos vor der Sprachbarriere der Empfindsamkeit. Sie zu überwinden ist ein schwieriges, aber reizvolles unterrichtsmethodisches Kunststück.

Die folgende Tabelle kann variiert gelesen werden, d. h. die Unterrichtseinheiten und Themenkomplexe sind frei miteinander kombinierbar. Der Einstieg in die Lektüre kann auch über einen Umweg erfolgen, z. B. durch Kontrastierung einer Idylle von Geßner mit einem Wertherbrief oder durch Vorlage der tränenselig schwärmerischen Wertherrezension von C. F. D. Schubert (Rothmann, E. u. D., S. 131). Den sicheren Weg aus der Befremdung zum Verständnis zu führen ist, wie immer, Sache der pädagogischen Findigkeit und Fantasie.

Unterrichtsplanung in der Sekundarstufe II

(Grund- und Leistungskurs)

A = Alternative
GA = Gruppenarbeit
KRef = Kurzreferat
LV = Lehrervortrag
PRO = produktionsorientierte Aufgabenstellung
SV = Schülervortrag
UG = Unterrichtsgespräch

	Hausaufgabe
gen u. Erzählform. (Evtl. auch Befremden über den Erzählstil.) (UG) 3) Kritische Diskussion (UG) 4) Informationen über Entstehungszeit, geistesgeschichtliche Einordnung u. literarhistorische Bedeutung des Romans (LV)	Lektüre des 1. Buches: Sprachstilistische Auffälligkeiten benennen u. kritisch kommentieren.
c) Die Rolle des **Herausgebers** u. des Briefadressaten beschreiben. (UG) 2) Vergleich der Briefe I v. 26. Mai u. 16. Junius: Die Selbstcharakterisierung Werthers u. das Bild Lottes (GA)	Ergänzende Lektüre des 2. Buches: a) Skizzierung des Romaninhalts in Stichworten b) Erschließung der Vorgeschichte aus den Briefen I v. 4. Mai, 13. Mai u. 17. Mai

Stunden	Thema	Didaktische Aspekte (Inhalte/Ziele)	Methodische Realisierung/ Verlauf
2.			
3./4.	Das Menschenbild der Empfindsamkeit u. sein sprachlicher Ausdruck	Die Beseelung der Natur durch die Metaphorik der Werthersprache erkennbar machen. Das Wertherlebnis als Widerspiegelung einer geistesgeschichtlichen Epoche sehen lernen.	1) Bestimmung der Epochenbegriffe Aufklärung/ Rokoko/Rousseauismus/ Sturm u. Drang/Irrationalismus (KRef.) 2a) Kontrastierung der Briefe I vom 10. Mai (7 f.) und II vom 3. November (101 f.) – Die Briefe in den Erzählzusammenhang einordnen. – Den Umschwung vom Enthusiasmus zur Melancholie erkennen und aus dem Erzählzusammenhang erklären.
5./6.	Die rationalistische Gegenwelt zur Kultur der Empfindsamkeit	Der Gegensatz von Geniekult und Vernunftethik, verkörpert in Figuren und Gegenfiguren: Die vom Autor intendierte Ambivalenz beider Geisteshaltungen bewusst machen.	1) Lektüre des Briefes I vom 12. August: Die Kontroverse Albert/Werther – Problemdiskussion über die Berechtigung des Selbstmords (UG) (A): Das Schicksal des Bauernburschen (18–20; 92–94; 115–119) als Spiegelung des Wertherschicksals – Problemdiskussion über Willensfreiheit (UG)

	Hausaufgabe
	c) Die Rahmenfunktion von Vorwort (3) u. Epilog (150 f.); die Anrede an den Leser u. ihre moralische Bedeutung
– Die Abhängigkeit des Naturerlebnisses von der Befindlichkeit des Ich erkennen. (GA) 2b) Die metaphorische Bedeutung des Wortes *Herz* in den 4 Eingangsbriefen Buch I (4.–13. Mai/5–9) bestimmen. (UG) (A): Vergleich des Gedichtes »Ganymed« (entst. 1774) mit dem Brief I vom 10. Mai	1) Lektüre Buch II, Teil 1: Die Gesandtschaftsepisode (71–85) 2) in schriftlicher Darstellung: Warum scheitert Werther in der höfischen Gesellschaft? (Belegen und interpretieren.) (A): Zeitungsinterview mit Werther nach der Kündigung seiner Sekretärstelle (PRO)
2) Die **dogmatische Drahtpuppe** (33 f.): Die Figur des Medikus in Beziehung setzen zur neuen Pfarrfrau (96–98), zum Gesandten (73–79) u. zur Adelsgesellschaft (74–76). – Kontrastfiguren zum Werther (GA)	1) Lektüre Buch II, Teil 2 (87–151) – Skizzierung des Inhalts 2) Interpretation der Briefsequenz I 26.–30. Mai: a) Die Bedeutung von Wahlheim b) Werthers Beziehung zu Kindern c) Werthers Beziehung zum ›einfachen Volk‹ (vgl. Brief I vom 15. Mai) (A): **Ein unvernünftiger junger Mann.** Brief des Medikus an einen Freund über Werther (PRO)

Stunden	Thema	Didaktische Aspekte (Inhalte/Ziele)	Methodische Realisierung/ Verlauf
7./8.	Die Selbstentgrenzung in der Natur	Das naturreligiöse Weltbild des *Werther* in seinem geistesgeschichtlichen Umfeld verdeutlichen.	1) Der Brief I vom 18. August (59–62): a) […] **die herrlichen Gestalten der unendlichen Welt bewegten sich allbelebend in meiner Seele.** (S. 60, Z. 25 ff.) b) […] **der Schauplatz des unendlichen Lebens verwandelt sich vor mir in den Abgrund des ewig offenen Grabs.** (S. 61, Z. 22 ff.). – Wie ist der Widerspruch der beiden Aussagen aufzulösen? (Rückbezug auf Brief I vom 10. Mai) (UG)
9./10.	Die Selbstentgrenzung im Tod	Die Begriffe *Einschränkung* und *Freiheit* als Leitmotive der Erzählung erkennen.	1a) Die Motivübereinstimmungen S. 12, Z. 21; S. 14, Z. 3; S. 32, Z. 16–19; S. 84, Z. 19–26; S. 101, Z. 2–3; S. 120, Z. 6–16 feststellen u. beschreiben. 1b) Die emphatische Steigerung der Sprachform erkennen. (UG)
11./12.	Werk und Biografie – die ›intime‹ Beziehung des Dichters zu seiner Romanfigur	Den Roman als **Bruchstück einer großen Konfession** (D. u. W. II/7) begreiflich machen.	1) LV: a) Der Wetzlarer Sommer 1772 b) Goethes Lebenskrise von 1773 c) Die **dreimalige Flucht** (Leipzig, Sesenheim, Wetzlar)

	Hausaufgabe
2) Landschaft u. Seele: a) Die Briefe I vom 12. Mai; 21. Junius; 30. August; II, 12. Dezember in Aussage und Sprache vergleichen. b) Die Widerspiegelung des Ich im Naturbild zeigen. 3) Ein Landschaftsbild der Aufklärung als Kontrast zum *Werther:* Mat. 7/1, C. M. Wieland, aus *Agathon* (1767) – Vergleich mit Naturbildern im *Werther*	Das Bild von Tal und Fluss – Vergleich S. 32, Z. 3–19; S. 60, Z. 6–17; S. 102, Z. 14–26; S. 119, Z. 26–S. 120, Z. 17. Zeigen Sie die Symbolisierung des Wertherschicksals in den Wandlungen des Landschaftsbildes. (A): Malerische Umsetzungen von Landschaftsbildern im *Werther* in abstrakte Farb- und Formkompositionen (Kooperation mit Kunstunterricht) (PRO)
2) Genaue Lektüre S. 140, Z. 20–S. 142, Z. 25: Die erotische und die religiöse Verbildlichung des Todes als Entgrenzungserlebnis belegen und interpretieren. (GA) 3) Goethes Begriff vom **Lebensekel** (taedium vitae) in D. u. W. III/13 (HA 578–585) – Die Beziehung des Romans zur persönlichen Lebensproblematik des Dichters (LV)	Die Geschichte **vom ertrunkenen Mädchen** im *Werther* (S. 56, Z. 28–S. 58, Z. 8): Erklären Sie daraus Werthers Interpretation des Selbstmords als **Krankheit zum Tode.**
2) Die Leipziger Behrisch-Briefe u. die Sesenheim Lyrik als Vorprägungen des Wertherstils erkennen (WA IV/1, 61–160) (UG) 3) *Hans Wursts Hochzeit* (WA I/38): Goethes Selbstbefreiung von der Wertherproblematik (SV)	Die Wertherpassagen in D. u. W. III, 12–13 (HA 9, S. 540, Z. 27–S. 544, Z. 23; S. 587, Z. 14–S. 593, Z. 34) a) Inhaltsreferat b) Datierung der Ereignisse c) Datierung des autobiografischen Rückblicks d) sprachstil. Vergl. mit *Werther*

Stunden	Thema	Didaktische Aspekte (Inhalte/Ziele)	Methodische Realisierung/ Verlauf
13.	Zeitgenössische Rezeption und Weiterwirkung	Wechselwirkungen zwischen Literatur und Gesellschaft zeigen: – Die geistig-moralische Empfänglichkeit für den Wertherstil im späten 18. Jh. – Die Bereitschaft zur Identifikation mit der Wertherfigur u. ihre sozialpsychologische Begründung – Die Kritik der ›Vernünftigen‹	1) Die zeitgenössischen Wertherrezensenten C. F. D. Schubert; M. Claudius; J. M. Goeze (s. E. u. D. 130 ff.): kritische Lektüre u. kontroverse Diskussion (UG)
14.	Versuch einer thematischen Aktualisierung	Das Weiterwirken der wertherschen Natursicht in Romantik und Neuzeit erkennbar machen.	1) Brief I vom 1. Julius (S. 34, Z. 19–S. 35, Z. 28)/Brief II vom 15. September (S. 96, Z. 21–S. 98, Z. 12): Die Bäume des Pfarrgartens als Sinnbild eines Einklangs von Seele und Welt – Lassen sich Anklänge an moderne ökologische Vorstellungen erkennen? (UG)

Additum für den Leistungskurs

2 Stunden im Anschluss an 3./4. Std. des GK (Das Menschenbild der Empfindsamkeit)

Thema	Didaktische Aspekte (Inhalte/Ziele)	Methodische Realisierung/ Verlauf
Der *Werther* in seinem literaturgeschichtlichen Umfeld	Erweiterung des Epochenverständnisses von Sturm und Drang und Empfindsamkeit	1) GA: a) J. G. Hamann: *Poesie ist die Muttersprache des menschlichen Geschlechts* (aus: *Aesthetica in nuce*); b) J. C. Lavater, *Das Genie* (aus: *Physiognomische Fragmente*);

	Hausaufgabe
2) Die Wertherparodie von Fr. Nicolai (E. u. D. 152 ff.) (KRef.) (A): Werthernachahmungen, *Werther*-Moden u. Selbstmorde im Wertherstil (E. u. D. 159 ff. s. a. 3.7 u. 4.1–4.3 d. A.) (KRef.) Siehe Mat. 10–11. 3) Kunst und Kunstbetrieb, damals und heute (UG)	Entwurf eines Rundfunk-Features mit dem Thema: *Selbstmord im blauen Frack mit gelber Weste* – War der *Werther* zu seiner Zeit eine jugendgefährdende Schrift? (PRO)
2) Aufsuchen und Verknüpfen der Motive *Baum* und *Garten* in den Briefen I vom 4. Mai; 12. Mai; 26. Mai; 10. September; II vom 9. Mai u. S. 148, Z. 31–S. 149, Z. 2. (GA) 3) Das Motiv des *Lindenbaums* in der Tradition des deutschen Volks- und Kunstliedes (evtl. Kooperation mit Musikunterricht) (KRef)	U. Plenzdorf, *Die neuen Leiden des jungen W.* (Erzählfassung): lesen u. auszugsweise referieren. (A): J. D. Salinger, *Der Fänger im Roggen* – Ist die Figur des Werther mit dem Typus des jugendlichen Unangepassten in der modernen Industriegesellschaft vergleichbar?

	Hausaufgabe
c) F. L. zu Stolberg, *Über die Fülle des Herzens* (Texte greifbar in: *Die deutsche Literatur. Texte und Zeugnisse* V/1–2, Hg. H. E. Haas. München 1966) 2) Salomon Geßners Idyllen: Arkadische Scheinwelten im Gegensatz zu Werthers Naturerlebnis (LV) 3) Vergleich des *Werther* mit Auszügen aus Hölderlins *Hyperion* (SV)	Goethe-Briefe aus der Straßburger Zeit (1770/71): stilkritischer Vergleich mit *Werther*-Briefen (s. WA IV 1, 232–264)

2 Stunden im Anschluss an 11./12. Std. des GK (Werk und Biografie)

Thema	Didaktische Aspekte (Inhalte/Ziele)	Methodische Realisierung/ Verlauf
Der *Werther* als wiederkehrendes Thema im Lebenswerk Goethes	Den Zusammenhang von Existenzkrisen des Dichters mit der Wertherthematik zeigen.	1a) *Torquato Tasso* (1789) – ein ›gesteigerter Werther‹ (LV) 1b) *Die Trilogie der Leidenschaft* (1823) – Werther als ›Freund‹ (SV) (Werkbiografische Beziehungen feststellen.)

2 Stunden im Anschluss an 14. Std. des GK (Versuch einer thematischen Aktualisierung)

Thema	Didaktische Aspekte (Inhalte/Ziele)	Methodische Realisierung/ Verlauf
Thomas Mann, *Lotte in Weimar*	Die Psychologisierung der Wertherproblematik im modernen Roman zeigen.	1) Handlung, Erzählstil, Aufbau und literaturgeschichtliche Anspielungen des Romans zeigen. (LV)

	Hausaufgabe
2) Rousseaus *Nouvelle Héloise* als Vorform des *Werther* (evtl. Kooperation mit Frz.-Unterricht) (GA)	**Alles, was von mir bekannt geworden, sind nur Bruchstücke einer großen Konfession.** (D. u. W. II 77 – HA 9, S. 283, Z. 17 f.) a) Einordnung des Zitats in seinen Kontext b) Interpretation im Hinblick auf *Werther*

	Hausaufgabe
2) Vorlesen des 9. Kapitels (SV) 3) Der bildungsbürgerliche Adressatenbezug des Romans – ein überholtes Literaturverständnis? (UG)	Lektüre des 1. Kapitels *Lotte in Weimar:* Thomas Manns Ironisierung des Wertherenthusiasmus

Tafelbild 1

Struktur der Erzählung – Buch 1

erzählte Zeit	Jahreszeiten	Frühling 1771		Sommer 1771				Spätsommer 1771		
	Briefdatierungen	4.–30. Mai	16. Juni	19. Juni –26. Juli	30. Juli	8.–10. August	12. August	15.–30. August	3. September	10. September
		Ankunft in der **Stadt** – Eingewöhnung – Bekanntschaften – erste Einkehr in Wahlheim – Landschaftserlebnisse	Bekanntschaft mit Lotte und der Familie des Amtmanns – der ländliche Ball	Liebe zu Lotte	Ankunft Alberts	Freundschaft mit Albert	Auseinandersetzung mit Albert über die **Krankheit zum Tode** – der leidenschaftliche und der **gelassene Mensch**	Konflikt zwischen Eifersucht und Freundschaft	Vorläufige Lösung des Konflikts durch den Entschluss zur Abreise	Abschied von Lotte und Albert

Tafelbild 2

Struktur der Erzählung – Buch 2

erzählte Zeit									
Jahreszeiten	Herbst 1771–Winter 1771/72					Frühling–Sommer 1772			
Brief-datierungen	20. Oktober	26. November –8. Januar	20. Januar	8.–17. Februar	20. Februar	15.–16. März	24. März	19. April–18. Juni	29. Juli–3. September
	Ankunft bei Hofe	Amtstätigkeit/Amtsmüdigkeit	Freundliche Beziehung zu Fräulein von B.	Wachsende Abneigung gegen die Hofgesellschaft	Nachricht von Lottes Hochzeit	Eklat in der Hofgesellschaft. Gesellschaftliche Diskriminierung der B.	Entlassungsgesuch	Abreise und **Wallfahrt** in die Heimat	Rückkehr zu Lotte und Albert. Wiedersehen mit Wahlheim

(Fortsetzung Tafelbild 2)

erzählte Zeit		
Herbst–Winter 1772	4. September –6. Dezember	Wachsender **Lebensekel** – Entseelung der Landschaft – **Mit mir ist's aus.** (S. 110, Z. 14)
	1. Herausgeberber. (112–119)	Der Eifersuchtsmord des Bauernburschen – **Ich sehe wohl, daß wir nicht zu retten sind.** (S. 117, Z. 22 f.)
	12. Dezember	Überschwemmung des Flusstals (Parallelisierung mit dem seelischen Befinden)
	14. Dezember	Erste Andeutung des Selbstmords
	2. Herausgeberber. (121 f.)	Vorbereitungen zum Selbstmord
	20. Dezember	Verschlüsselte Ankündigung des Selbstmords
	3. Herausgeberber. (123–126)	Vorletzter Besuch bei Lotte
	ohne Datum (126 f.)	Abschiedsbrief an Lotte
	4. Herausgeberber. (127–140)	Letzter Besuch bei Lotte. Ossian-Lesung
	ohne Datum (140–142)	Fortsetzung des Abschiedsbriefes an Lotte
	5. Herausgeberber. (142–148)	Entleihung der Pistolen. Letzte Briefe
	ohne Datum (148–150)	Vermächtnis Werthers (**nach eilfe**)
	Epilog des Herausgebers (150 f.)	Selbstmord und Begräbnis Werthers

Tafelbild 3

Spiegelung des Wertherschicksals in drei Episoden des Romans

	Die Tragödie des Bauernburschen	Der Blumensammler	Das ertrunkene Mädchen
Belegstellen	S. 18, Z. 19–S. 20, Z. 9; S. 92, Z. 5–S. 94, Z. 27; S. 115–S. 118, Z. 29	S. 106, Z. 12–S. 110, Z. 12	S. 56, Z. 28–S. 58, Z. 31
wörtliche Anklänge/Motivwiederholungen	**Es ergriff ihn eine unsägliche Begierde, den Menschen zu retten.** (S. 116, Z. 17 f.) **Du bist nicht zu retten, Unglücklicher! Ich sehe wohl, daß wir nicht zu retten sind.** (S. 117, Z. 22 f.)	Der Blumensammler: **Jetzt ist es aus mit mir.** (S. 107, Z. 25) Werther: **Siehst du, mit mir ist's aus.** (S. 110, Z. 14)	**Erstarrt, ohne Sinne steht sie vor einem Abgrunde.** (S. 57, Z. 28) Werther: **Ach, mit offenen Armen stand ich gegen den Abgrund und atmete hinab! hinab!** (S. 120, Z. 7 f.)
Schicksalsbeziehung zu Werther	**Reinheit** des Liebesgefühls; **Unschuld und Wahrheit** des Empfindens (s. S. 19)	Leidenschaft als **Trunkenheit und Wahnsinn** (s. S. 54)	Erlebnis von **Enge** und **Herzensnot;** die Zwanghaftigkeit der **Krankheit zum Tode** (s. S. 58)

Tafelbild 4

Spiegelungen Werthers in Nebenfiguren

a) Verwandte Seelen

	Die Tochter des Schulmeisters	Das Fräulein von B.	Der Graf C.
Beleg-stellen	S. 16, Z. 18–S. 18, Z. 9; S. 90, Z. 26–S. 91, Z. 7	S. 75, Z. 11–S. 76, Z. 4; S. 77, Z. 25–S. 78, Z. 7; S. 83, Z. 9–S. 84, Z. 26	S. 72, Z. 15–29; S. 73, Z. 17–S. 74, Z. 14
wörtliche Anklänge/ Motivwiederholungen	… **indem sie dem Ältesten einen halben Weck gab, nahm sie das Kleine auf und küßte es mit aller mütterlichen Liebe.** (S. 16, Z. 28–30) (vgl. auch: S. 23, Lotte und ihre Geschwister) [Werther]: **Die Kinder sind ganz an mich gewöhnt, sie kriegen Zucker, wenn ich Kaffee trinke und teilen das Butterbrot und die saure Milch mit mir des Abends.** (S. 17, Z. 30–33) (vgl. auch S. 33 f.: Werther und Lottes Geschwister)	**Ihr Stand ist ihr zur Last, der keinen der Wünsche ihres Herzens befriedigt** (S. 78, Z. 2 f.) [Werther]: **Wie ausgetrocknet meine Sinne werden; nicht einen Augenblick der Fülle des Herzens, nicht eine selige Stunde! nichts! nichts!** (S. 77, Z. 8–10)	**… einen Mann, den ich jeden Tag mehr verehren muß … und der deswegen nicht kalt ist, weil er viel übersieht; aus dessen Umgange so viel Empfindung für Freundschaft und Liebe hervorleuchtet.** (S. 72, Z. 19–23) [Werther]: **… die Liebe, Freude, Wärme und Wonne, die ich nicht hinzubringen, wird mir der andere nicht geben, und mit einem ganzen Herzen voll Seligkeit werde ich den andern nicht beglücken, der kalt und kraftlos vor mir steht.** (S. 101, Z. 3–7)
Wesensver-wandtschaft mit Werther	Das **Hüttchen**-Dasein: das einfache Leben, Naturnähe, unverfälschte Gefühlsbeziehungen, Reinheit des Empfindens, Geborgenheit im engen häuslichen Kreis	Das Leiden an der Einengung des Gefühls durch Konventionen und höfische Etikette.	Gefühlswärme als Prinzip des sozialen Umgangs, auch in amtlichen und geschäftlichen Beziehungen

(Fortsetzung **Tafelbild 4**)
b) Kontrastfiguren

	Die Pfarrfrau	Der Gesandte	Die höfische Gesellschaft
Beleg-stellen	S. 96, Z. 22–S. 98, Z. 12	S. 73, Z. 2–S. 74, Z. 14; S. 79, Z. 5–11	S. 75, Z. 20–S. 76, Z. 2; S. 76, Z. 6–9; S. 81, Z. 6–S. 82, Z. 2
wörtliche Anklänge/ Motivwiederholungen	**Eine Närrin, die sich abgibt, gelehrt zu sein …, eine ganz zerrüttete Gesundheit hat und deswegen auf Gottes Erdboden keine Freude.** (S. 97, Z. 17–23) Werther: **Ich kehre in mich selbst zurück und finde eine Welt! Wieder mehr in Ahnung und dunkler Begier …** (S. 12, Z. 31–S. 13, Z. 2)	**Er ist der pünktlichste Narr … da ist er imstande, mir einen Aufsatz zurückzugeben und zu sagen: Er ist gut, aber sehen Sie ihn durch … wenn man seine Perioden nicht nach der hergebrachten Melodie heraborgelt, so versteht er gar nichts drin.** (S. 73, Z. 2–15) Werther: **Ach könntest du das wieder ausdrücken, könntest du dem Papier das einhauchen, was so voll, so warm in dir lebt …** (S. 7, Z. 31–S. 8, Z. 2)	**… das glänzende Elend, die Langeweile unter dem garstigen Volke, das sich hier nebeneinander sieht, die Rangsucht unter ihnen …** (S. 74, Z. 21–23) **Diese Liebe, diese Treue, diese Leidenschaft … sie ist in ihrer größten Reinheit unter der Klasse von Menschen, die wir ungebildet, die wir roh nennen.** (S. 94, Z. 15–18)
Gegensätze	a) Entfremdung von der Natur durch *Gelehrsamkeit* b) Aneignung der Natur durch träumerische Verinnerlichung	a) Starre Korrektheit und leblose Floskelhaftigkeit der Sprache b) Sprache als unmittelbarer Ausdruck seelischen Lebens	a) Unnatürlichkeit, Standesdünkel, Ehrsucht, starre Konventionen b) Unverbildetheit, Naturhaftigkeit, echtes Gefühl im ›gemeinen Volk‹

5 Klausurvorschläge und Referatthemen

Grundkurs

1. Werthers Einstellung zur Gesellschaft
   a. Seine eigene gesellschaftliche Position
   b. Seine Einstellung zu Repräsentanten verschiedener gesellschaftlicher Gruppen bzw. zu Außenseitern

   (Textbasis zu entnehmen aus Briefen vom 15. 5., 17. 5. und 22. 5. 1771, 24. 12. 1771 und 15. 3. 1772)
2. Textanalyse zu Werthers Abschiedsbrief **nach eilfe**
   a. In welcher äußeren und inneren Verfassung befindet sich Werther, bevor er den Abschiedsbrief konzipiert?
   b. Wie motiviert und bewertet Werther den Selbstmord hier (religiösen Aspekt bitte beachten!)?
   c. Die Sprache des Briefes als Spiegel der inneren Situation
3. Textanalyse zu dem Brief vom 16. 6. 1771
   a. Zeigen Sie anhand dieses Briefes auf, welches Bild sich Werther von Lotte macht.
   b. Vergleichen Sie dieses Frauenbild mit anderen literarischen Frauengestalten (z. B. Plenzdorf, *Die neuen Leiden des jungen W.:* die Figur der Charlie; oder Büchner, *Woyzeck:* die Figur der Marie usw.) (Der Text muss im Unterricht behandelt sein und vorliegen!)

Leistungskurs-Additium

1. a.und b. wie Grundkurs, Aufgabe 1.
   c. Will Goethe in Werthers Leiden das Schicksal eines Gesellschaftskritikers bzw. Gesellschaftsveränderers aufzeigen?
2. a., b. und c. wie Grundkurs, Aufgabe 2.
   d. Ziehen Sie einen stilistischen Vergleich zu der Sprache des anschließenden Herausgeberberichts über Werthers Ende.
3. a. und b. wie Grundkurs, Aufgabe 3.
   c. Beziehen Sie auch die Stilmittel der Charakterisierung in den Vergleich mit ein.

Referatthemen

1. Die Kleidermode des 18. Jahrhunderts und das Wertherkostüm (Der Bruch mit der Konvention)
2. Umbrüche in der Park- und Gartengestaltung um die Mitte des 18. Jahrhunderts
3. Das Selbstmordproblem in der Sicht der orthodoxen Theologie und der Aufklärung
4. Das Leipziger Wertherverbot von 1775
5. Goethes Selbstpersiflage in *Der Triumph der Empfindsamkeit*
6. Der Kellner Mager in Thomas Manns Roman *Lotte in Weimar* als Muster eines Wertherschwärmers

7. Jules Massenets Oper »Werther«: Libretto und Musik in ihrer Beziehung zur literarischen Vorlage

6 Materialien

Johann Christian Kestner an Goethe, 2. November 1772: **Material 1**

Nach diesen Vorbereitungen, etwa gegen 1 Uhr, hat er sich denn über das rechte Auge hinein durch den Kopf geschossen. Man findet die Kugel nirgends. Niemand im Hause hat den Schuß gehört; sondern der Franciskaner Pater Guardian, der auch den Blick[1] vom Pulver gesehen, weil es aber stille geworden, nicht darauf geachtet hat. Der Bediente hatte die vorige Nacht wenig geschlafen und hat sein Zimmer weit hinten hinaus, wie auch die Leute im Haus, welche unten hinten hinaus schlafen.
Es scheint sitzend im Lehnstuhl vor seinem Schreibtisch geschehen zu seyn. Der Stuhl hinten im Sitz war blutig, auch die Armlehnen. Darauf ist er vom Stuhle heruntergesunken, auf der Erde war noch viel Blut. Er muß sich auf der Erde in seinem Blute gewälzt haben; erst beym Stuhle war eine große Stelle von Blut; die Weste vorn ist auch blutig; er scheint auf dem Gesichte gelegen zu haben; dann ist er weiter, um den Stuhl herum, nach dem Fenster hin gekommen, wo wieder viel Blut gestanden, und er auf dem Rücken entkräftet gelegen hat. (Er war in völliger Kleidung, gestiefelt, im blauen Rock mit gelber Weste.)
Morgens vor 6 Uhr geht der Bediente zu seinem Herrn ins Zimmer, ihn zu wecken; das Licht war ausgebrannt, es war dunkel, er sieht Jerusalem auf der Erde liegen, bemerkt etwas Nasses, und meynt, er möge sich übergeben haben; wird aber die Pistole auf der Erde, und darauf Blut gewahr, ruft: Mein Gott, Herr Assessor, was haben Sie angefangen; schüttelt ihn, er giebt keine Antwort, und röchelt nur noch. Er läuft zu Medicis und Wundärzten. Sie kommen, es war aber keine Rettung. Dr. Held erzählt mir, als er zu ihm gekommen, habe er auf der Erde gelegen, der Puls noch geschlagen; doch ohne Hülfe. Die Glieder alle wie gelähmt, weil das Gehirn lädirt, auch herausgetreten gewesen. Zum Ueberflusse habe er ihm eine Ader am Arm geöffnet, wobey er ihm den schlaffen Arm halten müssen, das Blut wäre doch noch gelaufen. Er habe nichts als Athem geholt, weil das Blut in der Lunge noch circulirt, und diese daher noch in Bewegung gewesen.
Das Gerücht von dieser Begebenheit verbreitete sich schnell; die ganze Stadt war in Schrecken und Aufruhr. Ich hörte es erst um 9 Uhr, meine Pistolen fielen mir ein, und ich weiß nicht, daß ich kurzens so sehr erschrocken bin. Ich zog mich an und gieng hin. Er war auf das Bette gelegt, die Stirne bedeckt, sein Gesicht schon wie eines Todten, er rührte kein Glied mehr, nur die Lunge war noch in Bewegung, und röchelte fürchterlich, bald schwach, bald stärker, man erwartete sein Ende.
Von dem Wein hatte er nur ein Glas getrunken. Hin und wieder lagen Bücher und von seinen eignen schriftlichen Aufsätzen. Emilia Galotti lag auf einem Pult am Fenster aufgeschlagen; daneben ein Manuscript ohngefähr fingerdick in Quart, philosophischen Inhalts, der erste Theil oder Brief war überschrieben: *Von der Freyheit*[4], es war darin von der moralischen Freyheit die Rede. Ich blätterte zwar darin, um zu sehen, ob der Inhalt auf seine letzte Handlung einen Bezug habe, fand es aber nicht; ich war aber so bewegt und consternirt, daß ich mich nichts daraus besinne, noch die Scene, welche von der Emilia Galotti aufgeschlagen war, weiß, ohngeachtet ich mit Fleiß darnach sah.

Gegen 12 Uhr starb er. Abends $^3/_4$ 11 Uhr ward er auf dem gewöhnlichen Kirchhof begraben, (ohne daß er seciret ist, weil man von dem Reichs-Marschall-Amte Eingriffe in die gesandtschaftlichen Rechte fürchtete) in der Stille mit 12 Laternen und einigen Begleitern; Barbiergesellen haben ihn getragen; das Kreutz ward voraus getragen; kein Geistlicher hat ihn begleitet.

Material 2

Ein Nachbar sah den Blick[1] vom Pulver und hörte den Schuß fallen; da aber alles stille blieb, achtete er nicht weiter drauf.
Morgens um sechse tritt der Bediente herein mit dem Lichte. Er findet seinen Herrn an der Erde, die Pistole und Blut. Er ruft, er faßt ihn an; keine Antwort, er röchelte nur noch. Er läuft nach den Ärzten, nach Alberten. Lotte hört die Schelle ziehen, ein Zittern ergreift alle ihre Glieder. Sie weckt ihren Mann, sie stehen auf, der Bediente bringt heulend und stotternd die Nachricht, Lotte sinkt ohnmächtig vor Alberten nieder.
Als der Medikus zu dem Unglücklichen kam, fand er ihn an der Erde ohne Rettung, der Puls schlug, die Glieder waren alle gelähmt. Über dem rechten Auge hatte er sich durch den Kopf geschossen, das Gehirn war herausgetrieben. Man ließ ihm zum Überfluß eine Ader am Arme, das Blut lief, er holte noch immer Atem.
Aus dem Blut auf der Lehne des Sessels konnte man schließen, er habe sitzend vor dem Schreibtische die Tat vollbracht, dann ist er herunter gesunken, hat sich konvulsivisch um den Stuhl herumgewälzt. Er lag gegen das Fenster entkräftet auf dem Rücken, war in völliger Kleidung, gestiefelt, im blauen Frack mit gelber Weste.
Das Haus, die Nachbarschaft, die Stadt kam in Aufruhr. Albert trat herein. Werthern hatte man auf das Bette gelegt, die Stirn verbunden, sein Gesicht schon wie eines Toten, er rührte kein Glied. Die Lunge röchelte noch fürchterlich, bald schwach, bald stärker; man erwartete sein Ende.
Von dem Weine hatte er nur ein Glas getrunken. Emilia Galotti lag auf dem Pulte aufgeschlagen.
Von Alberts Bestürzung, von Lottens Jammer laßt mich nichts sagen.
Der alte Amtmann kam auf die Nachricht hereingesprengt, er küßte den Sterbenden unter den heißesten Tränen. Seine ältesten Söhne kamen bald nach ihm zu Fuße, sie fielen neben dem Bette nieder im Ausdruck des unbändigsten Schmerzes, küßten ihm die Hände und den Mund, und der älteste, den er immer am meisten geliebt, hing an seinen Lippen, bis er verschieden war und man den Knaben mit Gewalt wegriß. Um zwölfe mittags starb er. Die Gegenwart des Amtmannes und seine Anstalten tuschten einen Auflauf. Nachts gegen Eilfe ließ er ihn an der Stätte begraben, die er sich erwählt hatte. Der Alte folgte der Leiche und die Söhne, Albert vermocht's nicht. Man fürchtete für Lottens Leben. Handwerker trugen ihn. Kein Geistlicher hat ihn begleitet.

(aus: Werther, S. 146 f.) [1] = Blitz

»Lotte bei Werthers Grabe«
von M. L., einem jungen Frauenzimmer:

Material 3

Gräber, voll Grauen,
Wie meine Seele,
Einsame Linden, wo Werther ruht,
Hört Lottens Klagen, hört
Ihre Verzweiflung:

Durch meine Reize liegt Werther hier!
Mördrische Schönheit,
Welche der Himmel
Sparsam mir, aber im Fluche gab!
Warum zerstörten nicht
Feindliche Pocken,
Warum der Tod nicht deine Gewalt?

Fürchterliche Nacht,
Wo zuerst Werther
Tanzend im weißen Gewand mich sah,
Schwanger von Unglück, sei
Mördern nur günstig;
Kein Gestirn, der Mond leuchte dir nie!

Grausame Tugend!
War meines Herzens
Bitteres Opfer dir nicht genug?
Ach, welcher blut'ge Lohn
Für meine Treue!
Du stürztest meinen Werther ins Grab!

Welches Gesichte!
Werther, du blutest!
›Lotte, ich sterbe, Lotte für dich.‹
Ha, welcher Klageton!

Lebe, mein Werther,
Theile mitleidig Lottens Unglück.

Werther, du schweigest?
Er sinket, röchelt,
Hülfe! – mein Werther! – Hülfe! – er stirbt!

Aber wo irre ich?
Ich Unglücksel'ge,
Schöpfer, ich falle kniend vor dir.

Gnade, Ach! Gnade
Für meinen Werther;
Mich, seine Mörderin treffe der Zorn!
Brünst'ger empfindlicher
Als alle Engel
Wird Werther ewig singen dein Lob.

(aus: Schwäbisches Magazin von gelehrten Sachen, Stuttgart 1779, 4. Stück, pag. 246–248)

Material 4

Werther nahm's Geld, dacht' in sich: 's doch auch Natur, wenn Wurzeln in der Erde stehen, und Äpfel an 'n Bäumen hängen. So kauft' er sich ein ander Gütchen, ein wohlgebaut Haus, vorm Hause ein Platz mit zwo Linden, wie zu Wahlheim vor der Kirche. Hier lebt er noch, glücklich und vergnügt, mit Lotten und seinen acht Kindern. Erfahrung und kalte gelassne Überlegung hat ihn gelehrt, ferner nicht, das bißchen Übel, das das Schicksal ihm vorlegte, zu wiederkäuen, dagegen aber, die Wonne, die Gott über ihn ausgoß, mit ganzem, innig dankbarem Herzen aufzunehmen. Nachdenken über die Wege der Vorsehung, die kein blindes Schicksal, sondern Güte und Gerechtigkeit sind, hat seine ausgetrocknete Sinnen wieder heiter gemacht, die überspannten Nerven abgespannt, ihm die Fülle des Herzens zurück gegeben, die er vormals genoß. Er kann wieder, im hohen Grase am fallenden Bache liegen, und näher an der Erde, zwischen Halmen und tausend mannichfaltigen Gräschen, die unzählichen, unergründlichen Gestalten, all der Würmchen, der Mückchen, näher an seinem Herzen fühlen, fühlen die Gegenwart des Allmächtigen, der uns all nach seinem Bilde schuf, das Wehen des Alliebenden, der uns in ewiger Wonne schwebend trägt und erhält. Und was noch mehr, er geht nicht darüber zu Grunde, erliegt nicht unter der Herrlichkeit dieser Erscheinungen; denn Lotte und seine acht Kinder, die besten Gaben die ihm Gott gegeben hat, liegen neben ihm, und fühlen gesellig, was er fühlt. Wenn je in seinem feurigen Gemüthe ein Tumult aufsteigen will, so lindert ihn, unverzüglich, der Anblick der glücklichen Gelassenheit dieser gesunden liebenswürdigen Geschöpfe, der Abdrücke der Stärke und Edelmuth des Vaters, und der Munterkeit und Schönheit der Mutter. Sie haben schon wieder andere Beeten gepflanzt, wo Tulpen und Narzissen und Hyacinthen abwechseln, und durch ihre arbeitsamen Spiele, werden die Krautfelder umfaßt, mit Rosenhecken und Jesmingängen, das Gartenhäuschen, mit duftendem Geißblatt', des Wohnhauses Mittagsseite, mit Traubengeländern.

(aus: Friedrich Nicolai, Freuden des jungen Werthers. Berlin 1775 – Schluss)

Material 5

238. **Klara Kestner an ihren Bruder August: 25. September 1816**

Wir fuhren zum Mittagessen zu Goethe und wurden unten an der Treppe von dem Sohn empfangen, im Vorsaal kam er selbst uns entgegen, doch treuer dem Bilde, was ich durch dich von ihm hatte, als dem, was uns der gute Onkel Geheime Kammerrat Ridel gab; denn Rührung kam nicht in sein Herz, seine ersten Worte waren, als ob er Mutter noch gestern gesehen: Es ist doch artig von Ihnen, daß Sie es mich nicht entgelten lassen, daß ich nicht zuerst zu Ihnen kam (er hat nämlich etwas Gicht im Arm). Dann sagte er: Sie sind eine recht reisende Frau und dergleichen gewöhnliche Dinge mehr. Mutter stellte mich ihm vor, worauf er mich einiges fragte, unsere Reise betreffend und ob ich noch nie in dieser Gegend gewesen sei, welches ich doch ganz unerschrocken beantwortete. Darauf gingen wir zu Tisch, wohin er Mutter führte und auch natürlich bei ihr saß; ihm gegenüber der Onkel und ich daneben, so daß ich ihm ganz nahe war, und mir kein Wort und kein Blick von ihm entging. Leider aber waren alle Gespräche, die er führte, so gewöhnlich, so oberflächlich, daß es eine Anmaßung für mich sein würde, zu sagen, ich hörte ihn sprechen oder ich sprach ihn, denn aus seinem Innern oder auch nur aus seinem Geiste kam nichts von dem, was er sagte. Beständig höflich war sein Betragen gegen Mutter und gegen uns alle, wie das eines Kammerherrn. ... Nach Tisch fragte ich nach einer sehr schönen Zeichnung, die immer meine Augen auf sich zog, er ließ sie mir herunternehmen und erzählte mir sehr artig die Geschichte davon, sie war von einer Dame Julien Egloffstein; ihrer gedachte er mit großer Auszeichnung und besonders ihres Talents. Darauf ließ er eine Mappe holen und zeigte Mutter ihr und des seligen Vaters und eurer fünf Ältesten Schattenrisse auf einem Blatt. Du siehst aus allem diesen, er wollte verbindlich sein, doch alles hatte eine so wunderbare Teinture von höfischem Wesen, so gar nichts Herzliches, daß es doch mein Innerstes oft beleidigte. Seine Zimmer sind düster und unwöhnlich eingerichtet, hier und da stehen Vasen, und die Wände sind mit Zeichnungen dekoriert, worunter jedoch meiner Ansicht nach außer der genannten nichts Ausgezeichnetes war. ... Nachdem wir nun alles gesehen, fuhren wir nach Haus, er entschuldigte sich, daß er nicht ausgehen könne, indem er auch bei Hof abgesagt habe.

239. **Charlotte Kestner an ihren Sohn August: August 1816**

Von dem Wiedersehen des großen Mannes habe ich Euch selbst noch wohl nichts gesagt: Viel kann ich auch nicht darüber bemerken. Nur so viel, ich habe eine neue Bekanntschaft von einem alten Manne gemacht, welcher, wenn ich nicht wüßte, daß es Goethe wäre, und auch dennoch, keinen angenehmen Eindruck auf mich gemacht hat. Du weißt, wie wenig ich mir von diesem Wiedersehen oder vielmehr dieser neuen Bekanntschaft versprach, war daher sehr unbefangen; auch tat er nach seiner steifen Art alles mögliche, um verbindlich gegen mich zu sein. Er erinnerte sich deiner und Theodors mit Interesse, ließ mir seinen Sohn eine Pflanze zeigen, die ihm Theodor geschickt hatte und so weiter, und was mich sehr freute, er sprach mit großem Interesse von Stieglitz.

(Briefe von Klara und Charlotte Kestner über ihren Besuch in Weimar, Spätsommer 1816)

»Werther« und Werthernachahmung – zwei Stilproben: **Material 6**

Therese stützte ihr Gesicht auf ihre Hand und neigte sich über den »Messias« her. Ihre Seele ward nun auf einmal heftiger bestürmt; der Gedanke an die immer näher rückende Trennung faßte sie ganz; ihr Busen schlug heftiger; ein Seufzer folgte dem anderen, und Kronhelm hörte die Tränentropfen auf das Buch fallen. Er ergriff ihre Hand; sie führte die seinige auf das Buch, und er fühlte, daß es naß war. Da tat er in seinem Herzen einen Schwur, ihr ewig treu zu sein! Der Schwur war ihm so heilig, als ob er ihn über dem Evangelio geschworen hätte. Der Donner ward immer stärker und der Regen heftiger. – Das ist eine heilige und feierliche Nacht, sagte er. – Um eins kam der abnehmende Mond zuweilen zwischen zerrissenen Gewitterwolken hervor und goß sein blasses melancholisches Licht auf die Liebenden herunter. Sie betrachteten ihn lang am Fenster, küßten sich zuweilen, sprachen abgebrochene Worte und fühlten, was die Sprache nicht beschreiben kann.

(Johann Martin Miller, aus: Siegwart, eine Klostergeschichte, 1776)

Wir traten ans Fenster. Es donnerte abseitwärts, und der herrliche Regen säuselte auf das Land, und der erquickende Wohlgeruch stieg in aller Fülle einer warmen

Luft zu uns auf. Sie stand auf ihren Ellenbogen gestützt, ihr Blick durchdrang die Gegend, sie sah gen Himmel und auf mich, ich sah ihr Auge tränenvoll, sie legte ihre Hand auf die meinige und sagte –Klopstock!

(aus: Werther)

Material 7 **»Agathon« und »Werther«: ein Stilvergleich**

Schwärmerei unseres Helden.
Die Wohnung des Hippias war auf der mittäglichen Seite von Gärten umgeben, in deren weitläufigem Bezirke die Kunst und der Reichtum alle ihre Kräfte aufgewandt hatten, die einfältige Natur mit ihren eignen und mit fremden Schönheiten zu überladen. Gefilde voll Blumen, die, aus allen Weltteilen gesammelt, jeden Montag zum Frühling eines andern Klima machten; Lauben von allen Arten wohl riechender Stauden; Lustgänge von Zitronenbäumen, Ölbäumen und Zedern, in deren Länge der schärfste Blick sich verlor; Haine von allen Arten fruchtbarer Bäume, und Irrgänge von Myrten und Lorbeerhecken, mit Rosen von allen Farben durchwunden, wo tausend marmorne Najaden, die sich zu regen und zu atmen schienen, kleine murmelnde Bäche zwischen die Blumen hingossen, oder mit mutwilligem Plätschern in spiegelhellen Brunen spielten, oder unter überhängenden Schatten von ihren Spielen auszuruhen schienen: alles dies machte die Gärten des Hippias den bezauberten Gegenden ähnlich, diesen Spielen einer dichterischen und malerischen Phantasie, welche man erstaunt ist außerhalb seiner Einbildung zu sehen.
Hier war es, wo Agathon seine angenehmsten Stunden zubrachte; hier fand er die Heiterkeit der Seele wieder, die er dem angenehmsten Taumel der Sinne unendlich weit vorzog; hier konnt er sich mit sich selbst besprechen; hier sah er sich von Gegenständen umgeben, die zu seiner Gemütsbeschaffenheit stimmten: wiewohl die seltsame Denkart, wodurch er die Erwartung des Hippias so sehr betrog, auch hier nicht ermangelte, sein Vergnügen durch den Gedanken zu vermindern, daß alle diese Gegenstände weit schöner wären, wenn sich die Kunst nicht angemaßet hätte, die Natur ihrer Freiheit und rührenden Einfältigkeit zu berauben.

(Christoph Martin Wieland, aus: Geschichte des Agathon, Buch II, 4. Kapitel)

Am 10. Mai

Eine wunderbare Heiterkeit hat meine ganze Seele eingenommen, gleich den süßen Frühlingsmorgen, die ich mit ganzem Herzen genieße. Ich bin allein und freue mich meines Lebens in dieser Gegend, die für solche Seelen geschaffen ist wie die meine. Ich bin so glücklich, mein Bester, so ganz in dem Gefühle von ruhigem Dasein versunken, daß meine Kunst darunter leidet. Ich könnte jetzt nicht zeichnen, nicht einen Strich, und bin nie ein größerer Maler gewesen als in diesen Augenblicken. Wenn das liebe Tal um mich dampft und die hohe Sonne an der Oberfläche der undurchdringlichen Finsternis meines Waldes ruht und nur einzelne Strahlen sich in das innere Heiligtum stehlen, ich dann im hohen Grase am fallenden Bache liege und näher an der Erde tausend mannigfaltige Gräschen mir merkwürdig werden; wenn ich das Wimmeln der kleinen Welt zwischen Halmen, die unzähligen, unergründlichen Gestalten der Würmchen, der Mückchen näher an meinem Herzen fühle und fühle die Gegenwart des Allmächtigen, der uns nach seinem Bilde schuf, das Wehen des Alliebenden, der uns in ewiger Wonne schwebend trägt und erhält; mein Freund, wenn's dann um meine Augen dämmert und die Welt um mich her und der Himmel ganz in meiner Seele ruhn wie die Gestalt einer Geliebten, dann sehne ich mich oft und denke: Ach, könntest du das wieder ausdrücken, könntest du dem Papier das einhauchen, was so voll, so warm in dir lebt, daß es würde der Spiegel deiner Seele, wie deine Seele ist der Spiegel des unendlichen Gottes! – Mein Freund! – Aber ich gehe darüber zugrunde, ich erliege unter der Gewalt der Herrlichkeit dieser Erscheinungen.

(aus: Werther)

J. W. Goethe: »Triumph der Empfindsamkeit. Eine dramatische Grille«, 1788 **Material 8**

5. Akt – (Ein leinener Sack wird auf die Bühne gebracht)
Andrason: Und der leinene Sack seine Geweide giebt her! Nun aufgemacht, ihr Kinder! Laßt uns vor allem sehn, was der enthält!
(Sie binden ihn auf, und wie sie ihn umschütteln, fällt eine ganze Partie Bücher, mit Häckerling vermischt, heraus).
Andrason: Gebt Acht, das werden Zauberbücher seyn.
(Er hebt eins auf.) Empfindsamkeiten!
Mana: O gebt's her!
(Die andern haben indessen die übrigen Bücher aufgehoben.)
Andrason: Was hast du? Siegwart, eine Klostergeschichte in drei Bänden.
Mana: O das muß scharmant seyn! Gieb her, das muß ich lesen. – Der gute Jüngling!
Cato: Den müssen wir kennen lernen!
Dora: Da ist ja auch ein Kupfer dabei!
Mela: Das ist gut, da weiß man doch wie er ausgesehen hat.
Cato: Er hat wohl recht traurig, recht interessant ausgesehn.
(Es bleibt den Schauspielern überlassen, sich hier auf gute Art über ähnliche Schriften lustig zu machen.)
Andrason: Eine schöne Gesellschaft unter Einem Herzen!
Mela: Wie kommen die Bücher nur da herein?
Andrason: Laßt sehn! Ist das alles?
(Er wendet den Sack völlig um, es fallen noch einige Bücher und viel Häckerling heraus.) Da kommt erst die Grundsuppe!
Dora: O laßt sehn!
Andrason: Die neue Heloise! – weiter! – Die Leiden des jungen Werthers! – Armer Werther!
Dora: O gebt's! das muß ja wohl traurig seyn.
Andrason: Ihr Kinder, da sey Gott vor, daß ihr in das Zeug nur einen Blick thun solltet! Gebt her!
(Er packt die Bücher wieder in den Sack zusammen, thut den Häckerling dazu und bindet's um.)
Mana: Es ist nicht artig von euch, daß ihr uns den Spaß verderben wollt! wir hätten da manche schöne Nacht lesen können, wo wir ohnedem nicht schlafen.
Andrason: Es ist zu eurem Besten, ihr Kinder! Ihr glaubt's nicht, aber es ist wahrlich zu eurem Besten. Nur ins Feuer damit!

Material 9 **»Die Leiden des jungen Werthers«, in zween Theilen, Leipzig in der Weygandischen Buchhandlung. 1774**

Diese Schrift gehört nicht für die Leute deren eherne Rechtschaffenheit es ihnen zur Sünde macht, eine warme Samariter Thräne über die Asche des unglücklichen Jünglings zu weinen, dessen Geschichte sie enthält. Das schwache Fünkchen himmlischen Feuers, welches in ihrer engen Brust lodert, wird ihnen so nie Gefahr drohen. Destomehr aber sey sie allen denen heilig, die gleich Werthern warmes Blut in den jungen Herzen und in den Schwingen ihres Geistes Kraft fühlen, einen Flug über die gemeinen Sphären hinnaus zu wagen; daß sie aus seinem Schicksal lernen, den Punkt zu vermeiden, wo die Nähe der Sonne nicht mehr wärmt: sondern versengt; den Punkt, wo sich die mahlerische Einbildungskraft, statt ländliche Gegenden zu verschönern, sich eigene Phantomen schafft, die in der Natur nicht sind; der Punkt, wo der vom Himmel stammende Zug zur Ehre, Wahnsinn wird, und die Königin aller Neigungen, die Liebe, die jede andre beseligen kann, – sie alle vergiftet.
O! es muß ihnen alsdenn gelingen, durch sein Beyspiel gewarnt, bey derselben Tugend, davon sein Busen glühete, mehr Ruhe und Heiterkeit über die bestimmte Bahn ihres Lebens auszubreiten, und nachdem sie jeden Kampf des kochenden Blutes glücklicher als er geendet, sich irgend an einer Ecke des Kirchhofs so sanft niederzulegen, als der fleißige Ackersmann der von dem wohlvollbrachten Tagewerke einer heissen Erndte im Schatten ausruhet. – Und so Friede über die Asche dort unter den beyden Linden.

(aus: Zeitgenössische Werther-Rezension, anonym)

Werther-Lesung im Walde
Zeitgenössisches Aquarell von Heinrich Beck

(© Goethe-Museum Düsseldorf)

Material 11 Werther-Tasse der Porzellanmanufaktur Meißen – um 1795
(Deckeltasse mit Untertasse)

(© Goethe-Museum Düsseldorf)

Plakat zur Aufführung der Oper »Werther« von Jules Massenet in der Opéra Comique, Paris 1893

Anhang

Abkürzungsschlüssel

HA	=	Hamburger Ausgabe der Werke Goethes (Hg. E. Trunz)
WA	=	Weimarer Ausgabe der Werke Goethes (»Sophienausgabe«)
E. u. D.	=	Erläuterungen und Dokumente zu Goethes *Werther* (Reclam UB Nr. 8113, rev. Ausg. 1987)
Berend	=	Eduard B. »Goethe, Kestner und Lotte« (Briefwechsel Goethes mit J. C. Kestner und Charlotte Buff) München 1914
Morris	=	Max M. »Der junge Goethe« (Quellentexte), 6 Bde. Leipzig 1909–1912
Jb. Kippenberg	=	Jahrbücher der Sammlungen des Goethe-Museums Kippenberg, Düsseldorf
DU	=	Ztschr. »Der Deutschunterricht« (Klett)

Anmerkungen

1 D. u. W. III, 12 (vgl. Werther 6: ›Die Stadt ist unangenehm, dagegen ringsumher eine unaussprechliche Schönheit der Natur.‹)
2 s. das Aquarell von J. W. Cramer, wiedergegeben bei Göres, Goethes Leben in Bilddokumenten, München 1981, S. 56.
3 Kestner, nach Berend S. 106.
4 ebd., S. 106 f.
5 D. u. W. III, 12.
6 ebd.
7 ebd.
8 HA 9, S. 544.
9 ebd.
10 Berend, S. 9 (Kestner).
11 Kestner, S. 291.
12 Conrady I, S. 181.
13 HA 9, S. 542.
14 Kestner, nach Berend S. 109 f.
15 A. Kestner, S. 289.
16 D. u. W. III, 12.
17 Bielschowsky, Goethe I, S. 157.
18 s. D. u. E., S. 102.
19 A. Kestner, S. 211.
20 D. u. W. III, 13.
21 ebd.
22 s. Goethes Charakterisierung in D. u. W. III, 12.
23 Kestner, nach Berend, S. 13.
24 K. W. Jerusalem: Philosophische Aufsätze. Wolfenbüttel 1776.
25 ebd., Vorwort.
26 Berend, S. 22.
27 HA 9, S. 584.
28 HA 9, S. 585.
29 W.-Ö. Divan, Buch des Sängers.
30 Max. u. Refl. 1394.
31 D. u. W. III, 13.
32 aus: Noten und Abhandlungen zum Divan.
33 an Kanzler von Müller, 6. 5. 1819.
34 D. u. W. III, 13.
35 ebd.
36 HA 9, S. 542.
37 an Lotte, 31. 8. 1774.
38 an Kestner, nach Berend S. 121.
39 ebd., S. 24.
40 ebd., S. 68.
41 ebd., S. 3.
42 Morris, Der jg. G. 4, S. 24.
43 ebd.
44 D. u. W. III, 13.
44a Anakreontik: Stilrichtung der Rokokopoesie im elegant koketten Ton (Benannt n. d. griech. Lyriker Anakreon, 6. Jhdt. v. Chr.).
45 nach Morris, Der jg. G. I.
46 Conrady I, S. 76 (TB).
47 Morris, a.a.O.
48 Gellerts Schriften IV. Leipzig 1775, S. 232.
49 D. u. W. II, 6 (HA 9, S. 256).
50 Morris, a.a.O.
51 ebd.
52 Conrady I, S. 117 (TB).
53 an Katharina Fabricius, nach Morris I.
54 D. u. W. III, 12 (HA 9, S. 540).
55 Emil Staiger: Goethe I. S. 341.
56 HA 6, S. 471 ff.
57 s. D. u. W. II. 9.
58 in: Lit. in Wissenschaft u. Unterricht. 1983/2, S. 108.

[59] Goethe: Werke bei Cotta 1840. Bd. 34, S. 311.
[60] ebd.
[61] von frz. branler für: onanieren.
[62] WA I. 38, S. 448.
[63] zu Eckermann, 2. 1. 1824.
[64] Johannes Klein: Geschichte der dt. Lyrik. 1960, S. 237.
[65] Irdisches Vergnügen in Gott, Bd. I, Hamburg 1738.
[66] ebd.
[67] Joh. Klein, a.a.O., S. 212.
[68] »Morgenlied auf den Garten«.
[69] Albrecht von Haller: Gedichte. Hg. Harry Maync. 1923, S. 84.
[70] Salomon Geßner: Idyllen, 1756.
[71] Morris: Der jg. Goethe II, S. 395 f.
[72] Oliver Goldsmith: Collected Works. Oxford 1966. IV, S. 288.
[73] Idyllen, 1756.
[74] Oliver Goldsmith: Der Pfarrer von Wakefield, dt. von A. Ritter. Zürich 1985, S. 38.
[75] S. Herder: »Über Oßian und die Lieder der alten Völker«, 1773.
[76] 1771: erste Übersetzung der »Songs of Selma«, Geschenk an Friederike Brion, für »Werther« umgearbeitet.
[77] H. Schöffler: »Ossian«, in: Dt. Geist im 18. Jh. 1956, S. 142.
[78] E. Trunz in: HA VI, S. 597.
[79] Kleine Goethebiographie, S. 61 f.
[80] Goethe: Dritte Wallfahrt nach Erwins Grabe im Juli 1775, (HA 12, S. 28).
[81] M. Redeker in: Religion in Geschichte und Gegenwart (RGG), II, Sp. 238.
[82] Berend, S. 107.
[83] Johann Kaspar Riesbeck: Briefe eines reisenden Franzosen. Zürich 1784.
[84] ebd.
[85] J. C. Lavater: Physiognomische Fragmente II, S. 203.
[86] J. J. Rousseau, aus: Lehrbuch der musikalischen Technik.
[87] J. H. Voß an Johann Brückner, 4. August 1773.
[88] in: »Über die Originalwerke«.
[89] HA 4, S. 212.
[90] Zum Shakespeares-Tag (HA 12, S. 225).
[91] D. u. W. IV, 19.
[92] Conrady I, S. 172 (TB).
[93] zit. nach Conrady, a.a.O.
[94] aus dem 2. Discours (Rousseau, Auswahl von Paul Sakmann. Leipzig 1931, S. 98).
[95] Gundolf: Goethe, S. 179.
[96] Glaubensbekenntnis des savoyischen Vikars (Rousseau, a.a.O., S. 188).
[97] an Kanzler von Müller, 24. 5. 1828.
[98] Die protestantische Theologie I, S. 181.
[99] 1771. Theil 4, S. 110.
[100] Versuch über den Roman. Neudruck Stuttgart 1965, Hg. E. Lämmert, S. 392.
[101] »Über Richardsons Bildniss«.
[102] nach Kimpel: Der Roman der Aufklärung. 1968.
[103] HA 9, S. 567.
[104] nach E. Schmidt, 1875, S. 21.
[105] Hans Reiss: Goethes Romane, S. 17.
[106] ebd., S. 19.
[107] ebd.
[108] a.a.O., S. 540.
[109] E. Staiger: Goethe I, S. 155.
[110] ebd., S. 154.
[111] Irdisches Vergnügen in Gott. Hamburg 1738.
[112] Kleine lyrische Gedichte, Bd. 3, Leipzig 1772, S. 229.
[113] Johann L. Gleim: Lob des Landlebens.
[114] Hans Reiss: a.a.O., S. 23.
[115] Kleine Goethebiographie, S. 70.
[116] Morris II, S. 309 f.
[117] nach Conrady I, S. 186 (TB).
[118] Goethe, Gespräche. Hg. von F. v Biedermann. Wiesbaden 1949, S. 568.
[119] W.-Ö. Divan, Buch des Sängers.
[120] a.a.O., S. 66.
[121] ebd., S. 49.
[122] Goethe, Gespräche. Hg. F. v. Biedermann, S. 223.
[123] H. Heine, Sämtliche Schriften. Hg. von Klaus Briegleb. Reihe Hanser 220/1 München 1976, S. 431.
[124] »Über Göthe vom menschlichen Standpunkte.« Darmstadt 1846, S. 92.
[125] ebd.
[126] in: Goethe und seine Zeit, Berlin 1950, S. 39.
[127] Morris II, S. 130.
[128] s. Ernst Beutler, Das ertrunkene Mädchen. In: Essays um Goethe, Bd. 1, Leipzig 1941, S. 124–134.
[129] Berend, S. 107.
[130] Kestners Tagebuch. Bei Berend, S. 103.
[131] Ausgew. Werke. Hg. von P. Sakmann, S. 157.
[132] F. Götting in RGG, Sp. 1670.
[133] HA 9, S. 587.
[134] Werther-Essay, Ges. Werke IX, S. 649.
[135] Die Begriffe ›Tektonik‹ und ›Dynamik‹ hat geprägt: R. Beitl. Goethes Bild der Landschaft, Berlin 1929.
[136] E. Staiger: Goethe I, S. 155.
[137] In: Frankfurter Gelehrte Anzeigen, Oktober 1772.
[138] carm. III, 25.
[139] In: Die deutsche Literatur. Texte und Zeugnisse. Hg. H. E. Haas, Bd. 5/2, S. 1239 ff.
[140] zitiert in: HA 6, S. 560.
[141] Kampagne in Frankreich (HA 10, S. 321 f.).
[142] a.a.O., S. 45.
[143] Röm. El. 2, unterdrückte Fassung. WA I, 1, S. 413.
[144] Biedermann, Goethes Gespräche, S. 400.

[145] HA 9, S. 578.
[146] an Zelter, 3. Dez. 1812.
[147] 26. März 1816.
[148] In: Lettres Persanes, 76. Brief.
[149] zit. nach Oettinger: DU 28/1976, H. 2, S. 58.
[150] Osiander. 1813, S. 369 f.
[151] Ernst Beutler: a.a.O., S. 128 ff.
[152] ebd., S. 137.
[153] Lucie Auguste Jensen an ihren Verlobten, 21. März 1777. In: Jb. Kippenberg 4, S. 268.
[154] HA 1, S. 179.
[155] nach einem Dramentitel von Göchhausen (s. 4.2).
[156] In: Deutsche Chronik auf das Jahr 1774, Augsburg.
[157] In der Einleitung zu den Schriften von J. M. R. Lenz, Berlin 1828, S. CXXIX.
[158] nach P. Müller: Der jg. Goethe, S. 214.
[159] ebd., S. 215.
[160] Jb. Kippenberg 4, S. 256 f.
[161] nach P. Müller, a.a.O., S. 197.
[162] Karl Robert Mandelkow: Goethe in Deutschland I, S. 38.
[163] Werke u. Schriften. Hg. Britta Titel u. Helmut Haug. I, S. 392.
[164] va. für: abdrücken.
[165] Kurze aber nothwendige Erinnerung über die Leiden des jungen Werthers. Hamburg 1775.
[166] nach P. Müller, a.a.O., S. 129 f.
[167] Werke Hg. Lachmann. XII, S. 420.
[168] wurde in die Ausgaben von 1787 und 1824 nicht wieder aufgenommen.
[169] zit. nach Scherpe: Werther und Wertherwirkung, S. 99.
[170] S. Jb. Kippenberg 4/1924, S. 249–281.
[171] Lichtenberg: Briefe, Hg. Leitzmann u. Schüddekopf. Leipzig 1901, Bd. I, S. 227.
[172] Nicolai: »Freuden ...«, S. 27.
[173] ebd., S. 32.
[174] ebd., S. 36.
[175] ebd., S. 57.
[176] Mandelkow, a.a.O., S. 39.
[177] ebd.
[178] ges. und hg. von Fritz Hünich, Slg. Kippenberg 1/1921, S. 181–254 (Ergänzungen dazu: 5/1925, S. 293–301).
[179] Elisabeth Frenzel: Stoffe der Weltliteratur. Stuttgart [6]1983, S. 787–790.
[180] Werke und Schriften I, S. 392.
[181] ebd., S. 396.
[182] de Boor-Newald: Geschichte der dt. Lit. VI, 1, S. 273.
[183] Fischer-Lamberg: Der jg. Goethe III, S. 4.
[184] zit. n. Trunz: HA 6, S. 534.
[185] ebd.
[186] ebd., S. 539.
[187] nach Trunz HA 1, S. 702.
[188] zu Eckermann, 2. 1. 1824.
[189] HA 9, S. 541.
[190] ebd., S. 544.
[191] ebd., S. 583.
[192] ebd.
[193] ebd.
[194] ebd., S. 781.
[195] ebd., S. 585.
[196] ebd., S. 587.
[197] ebd., S. 521.
[198] E. Trunz: HA 1, S. 702.
[199] Das Goethebild des 20. Jahrhunderts. Darmstadt [2]1966.
[200] so der Titel seiner Studien zur deutschen Geistesgeschichte, [4]1923.
[201] Goethe und seine Zeit. Bern 1947, Berlin 1950.
[202] Deutscher Geist im 18. Jh., 1956.
[203] Goethe. Bern 1948.
[204] Kindermann, a.a.O., S. 179.
[205] Goethe, Bd. 1. 1952, S. 147–173.
[206] a.a.O. (1950), S. 19–40.
[207] Werther und Wertherwirkung, 1970.
[208] 1938; neu in: Dt. Geist i. 18. Jh., 1956.
[209] Kindermann über Schöffler: a.a.O., S. 641.
[210] Biedermann: Goethes Gespräche, S. 345.
[211] ebd.
[212] nach Ernst Johann (Hg.): Goethe, Gespräche. Frankfurt/M. 1958, S. 133.
[213] Biedermann: a.a.O., S. 363.
[214] Goethes Romane. Bern 1963.
[215] In: Lit. in Wiss. u. Unt. 1983/1, S. 84.
[216] In: The Germanic Review I. New York 1926.
[217] Gießen, 1921.
[218] a.a.O., S. 185.
[219] Kleine Goethebiographie, S. 70.
[220] Dt. Geist i. 18. Jh., S. 181.
[221] bei E. Berend, Goethe, Kestner und Lotte. München 1914.
[222] im 1. Kapitel.
[223] Auswahl in E. u. D. (Reclam UB 8113).
[224] DU 1, H. 2/3, 13.
[225] DU 16, H. 1, 32.
[226] ebd., 10.
[227] DU 25, H. 4, 5.
[228] DU 29, H. 4, 27.
[229] DU 39, H. 4, 5.
[230] In: Anregung 31 (1983), S. 155–161.
[231] DU 28, H. 2, 55.

Literaturverzeichnis

Zitate

aus *Werther* nach: Reclam, UB Nr. 67. Stuttgart 1992 (zit. in Seitenklammern) aus anderen Werken Goethes nach:

HA: Goethes Werke, Hg. Erich Trunz. Hamburg 1948–1967 (Hamburger Ausgabe)

WA: Goethes Werke, hg. i. A. der Großherzogin Sophie von Sachsen. Weimar 1887–1919 (Weimarer Ausgabe)

Bibliografie

Goethe-Bibliographie, begründet von Hans Pyritz, fortgeführt von Heinz Nicolai. Heidelberg 1965

Hermann, H. G.: Goethe-Bibliographie. Literatur zum dichterischen Werk. Stuttgart 1991 (Reclam UB 8692)

Biografie

Conrady, Karl Otto: Goethe, Leben und Werk (2 Bde.). Königstein/Taunus 1982; Fischer-TB 1988, Nr. 5670/71

Müller, Günther: Kleine Goethebiographie. Bonn [3]1955

Nicolai, Heinz: Zeittafel zu Goethes Leben und Werk. Frankfurt/M. 1964 (Fischer-TB Nr. 617)

Textsammlungen und Quellentexte

Behrens, Jürgen (Hg.): Johann Wolfgang Goethe, Briefe an Auguste Gräfin zu Stolberg. Bad Homburg v. d. H., Berlin u. Zürich 1968

Blumenthal, Hermann (Hg.): Zeitgenössische Rezensionen und Urteile über Goethes *Götz* und *Werther*. Berlin 1935

Bode, Wilhelm von (Hg.): Goethe in vertraulichen Briefen seiner Zeitgenossen. Berlin 1918–1923. Neuausgabe von Regine Otto. Berlin u. Weimar 1979

Braun, Julius W. (Hg.): Goethe im Urtheile seiner Zeitgenossen. Zeitungskritiken, Berichte, Notizen, Goethe und seine Werke betreffend, aus den Jahren 1773–1786. Berlin 1883

Fischer-Lamberg, Hanna (Hg.): Der junge Goethe, Bd. 4. Berlin 1968. (S. bes. S. 351–356)

Hünich, Fritz Adolf (Hg.): Aus der Wertherzeit. Jb. Slg. Kippenberg 4/1924, S. 249–281

Hünich, Fritz Adolf (Hg.): Die deutschen Werthergedichte. Jb. Slg. Kippenberg 1/1921, S. 181–254 (Ergänzungen dazu: ebd. 5/1925; 7/1927–28)

Jerusalem, Karl Wilhelm: 11 Briefe an Eschenburg. Hg. O. von Heinemann. In: Im neuen Reich 1874, Nr. 25, S. 970 ff.

Jerusalem, Karl Wilhelm: Philosophische Aufsätze mit Lessings Vorrede und Zusätzen. Hg. P. Beer. Berlin 1900

Kestner, August (Hg.): Goethe und WERTHER. Briefe Goethe's, meistens aus seiner Jugendzeit, mit erläuternden Documenten. Stuttgart u. Tübingen 1854. (Neu hg. von Eduard Berend unter dem Titel: Goethe, Kestner und Lotte. München 1914)

Morris, Max (Hg.): Der junge Goethe. 6 Bde. Leipzig 1909–1912

Müller, Peter (Hg.): Der junge Goethe im zeitgenössischen Urteil. Berlin (O.) 1969

Nicolai, Friedrich: Die Freuden des jungen Werthers. Faksimile-Neudruck. München 1922

Ossian (James Macpherson): The poems of Ossian, Vol. II. Leipsic 1840. (The songs of Selma: S. 198–209)

zum Thema ›Selbstmord‹

Hoffmann-Krayer und Bächtold-Stäuli: Handwörterbuch des deutschen Aberglaubens. 1936 (Bd. 7, Sp. 1627–1633)

Osiander, F. B.: Über den Selbstmord, seine Ursachen, Arten, medicinisch-gerichtliche Untersuchung und die Mittel gegen denselben. Hannover 1813

Rost, Hans: Bibliographie des Selbstmords. Augsburg 1927. (S. 316–326: Der S. in der Wertherperiode)

Zedler, J. H.: Großes vollständiges Universal-Lexicon. Leipzig u. Halle 1743. (Bd. 36, Sp. 1595–1614: über Selbstmord)

Forschungsliteratur

Anton, Annette C.: Authentizität als Fiktion. Briefkultur im 18. u. 19. Jh. Stuttgart, 1995 (Metzler Studienausgabe). – Darin: Der nachempfundene Briefwechsel: Lotten, Werther und Clarissen, S. 58–66 – Darin: Die Leiden des jungen Werther, S. 208–238

Appell, Johann Wilhelm: Werther und seine Zeit. Oldenburg [4]1896

Beitl, Richard: Goethes Bild der Landschaft. Berlin 1929

Beutler, Ernst: Wertherfragen. In: Essays um Goethe I. Leipzig 1941

Bickelmann, Ingeborg: Goethes WERTHER im Urteil des 19. Jahrhunderts. Gelnhausen 1937. (Diss. Frankfurt 1934)

Blessin, Stefan: Die Romane Goethes. Königstein/Ts. 1979

Blessin, Stefan: Goethes Romane – Aufbruch in die Moderne. Paderborn (Schöningh) 1996.

Blumenthal, Hermann: Ein neues Wertherbild? In: Jb. Goethe-Ges. 5/1940, S. 315–320

Bobsin, Julia: Von der Werther-Krise zur Lucinde-Liebe. Tübingen 1994 (Niemeyer)

Brüggemann, Fritz: Die Ironie in Tiecks WILLIAM LOVELL und seinen Vorläufern. Diss. Leipzig 1909

Castello, Maria L.: Schwärmertum und Gewalt in Goethes WERTHER, Tiecks WILLIAM LOVELL und Büchners LENZ. Würzburg 1993 (Würzburger Hochschulschriften 5)

Debon, Günther: Werther und Lotte auf Glas. In: G. Debon: China zu Gast in Weimar. 18 Studien und Streiflichter. Heidelberg 1994, S. 141–147

Fittbogen, Gottfried: Die Charaktere

in den beiden Fassungen von *Werthers Leiden.* In: Euphorion, 17/1910, S. 556–582
Fricke, Gerhard: Goethe und *Werther.* In: Goethe on human creativeness and other Goethe Essays, ed. Rolf King. Athens 1950. University of Georgia Press, S. 29–75
Gille, Klaus F.: Die Leiden und Freuden des jungen Werthers. In: Weimarer Beiträge, Jg. 39/1993, H. 1, S. 122–134
Gloël, Heinrich: Goethes Gedichte in Wetzlar. In: Jb. Goethe-Ges. 3/1916, S. 100–107
Gräf, Hans Gerhard: Goethe über seine Dichtungen, Bd. 2. Frankfurt/M. 1902
Gräfe, Johanna: Die Religion in den *Leiden des jungen Werther.* Eine Untersuchung des Wortbestandes. In: Neue Folge des Jahrbuchs der Goethe-Ges. 20/1958, S. 72–98
Gundolf, Friedrich: Goethe. Berlin 1916, S. 162–184
Haß, Hans Egon: Werther-Studie. In: Festschrift für Günther Müller. Bonn 1957, S. 83–125
Henning, John: Goethes translation of Ossian's songs of Selma: The Journal of English and Germanic Philology. 41/1946, S. 77–87
Herrmann, Hans-Peter (Hg.): Goethes *Werther.* Kritik und Forschung. Darmstadt 1994 (Wissen. Buchges.). (Wege der Forschung 607)
– Darin: Beiträge von Th. Fontane, Thomas Mann, Georg Lukács und anderen namhaften Autoren
Hirsch, Arnold: *Die Leiden des jungen Werthers.* Ein bürgerliches Schicksal im absolutistischen Staat. In: Études Germaniques 13/1958, S. 229–250
Jäger, Georg: Empfindsamkeit und Roman. Stuttgart 1969
Jäger, Georg: Die Wertherwirkung. Ein rezeptionsästhetischer Modellfall. In: Historizität in Sprach- und Lit.wissenschaft. Stuttgarter Germanistentag 1972. Hg. W. Müller-Seidel. München 1974
Kaiser, Gerhard: Begegnung zwischen Gott und Mensch. Der Brief vom 10. Mai in Goethes *Werther.* In: Zeitschrift f. Theologie u. Kirche, Jg. 91/1994, H. 1, S. 97–114
Kayser, Wolfgang: Die Entstehung von Goethes *Werther.* Dt. Vjs. 19/1941, S. 430–457
Kimpel, Dieter: Der Roman der Aufklärung. Stuttgart1968 (Slg. Metzler)
Kluge, Gerhard: Die Leiden des jungen Werther in der Residenz. Euph. 65/1971, S. 115–131
Korff, Hermann August: Der Geist der Goethezeit. Bd. 1. Leipzig 1923, S. 297–317
Lange, Victor: Bilder, Ideen und Begriffe. Goethe-Studien. Würzburg 1991
– Darin: Die Sprache als Erzählform in Goethes *Werther* (S. 36–45)
Lauterbach, Martin: Das Verhältnis der zweiten zur ersten Ausgabe von *Werthers Leiden.* Straßburg 1910
Leistner, Bernd: *Goethes Werther* und seine zeitgenössischen Kritiker. In: Goethe-Jb. 112. Weimar 1996. S. 71–82
Lenz, Jakob Michael Reinhold: Briefe über die Moralität der *Leiden des jg. Werthers* (1775). Hg. L. Schmitz-Kallenberg. Münster 1918
Lifschitz, Michail A.: Karl Marx/ Friedrich Engels über Kunst und Literatur. Berlin (O.) 1948
Lukács, Georg: Goethe und seine Zeit. Bern 1947, S. 27 ff.
Mandelkow, Karl Robert: Goethe in Deutschland. Rezeptionsgeschichte

eines Klassikers. I, 1773–1918. München 1980
Mandelkow, Karl Robert: Goethe im Urteil seiner Kritiker. München 1975
Mann, Thomas: Goethes *Werther*. In: Ges. Werke IX, S. 640–665. Frankfurt/M. 1960
Maurer, Karl: Die verschleierten Konfessionen. Zur Entstehungsgeschichte von Goethes Werken. In: Festschrift für Friedrich Maurer. Hg. S. Gutenbrunner u. a., S. 424–437. Stuttgart 1963
Merker, Erna: Wörterbuch zu Goethes *Werther*. Berlin 1966
Müller, Peter: Zeitkritik und Utopie in Goethes *Werther*. Berlin (O.) 1969
Oettinger, Klaus: Eine Krankheit zum Tode. Zum Skandal um Werthers Selbstmord. In: DU 28/1976, H. 2, S. 55–74
Reiss, Hans: Goethes Romane. Bern, München 1963
Rickes, Joachim: Das Gewittermotiv in Goethes *Werther* – motivtheoretisch betrachtet. In: Wirkendes Wort, Jg. 42/1992, H. 3, S. 406–420
Rieß, Gertrud: Die beiden Fassungen von Goethes *Die Leiden des jungen Werthers*. Eine stilpsychologische Untersuchung. Breslau 1924
Rothmann, Kurt: Erläuterungen und Dokumente (E. u. D.) zu Goethes *Werther*. Stuttgart 1971
Sauerlandt, Max: Werther-Porzellane. Jg. Ges. Kippenberg 3/1923, S. 100–106
Scherpe, Klaus R.: *Werther* und Wertherwirkung. Zum Syndrom der bürgerlichen Gesellschaftsordnung im 18. Jh. Bad Homburg v. d. H., Berlin, Zürich ³1980
Schings, Hans Jürgen: Melancholie und Aufklärung. Stuttgart 1977
Schmidt, Erich: Richardson, Rousseau und Goethe. Ein Beitrag zur Geschichte des Romans im 18. Jh. Jena 1875
Schmiedt, Helmut: Ringo in Weimar. Würzburg 1996.
– Darin: Goethes *Werther* und Handkes *Jukebox*, S. 31–40
Schneider, Manfred: Liebe und Betrug. Die Sprache des Verlangens. München 1992 – Darin: Werther und Lotte (S. 143–151)
Schöffler, Herbert: *Die Leiden des jungen Werther*. Frankfurt a. M. Neudruck in: Deutscher Geist im 18. Jahrhundert. Göttingen 1956
Schöffler, Herbert: Ossian. Hergang und Sinn eines großen Betruges. In: Goethe-Kalender 1941, Lpz. (neu in: Dt. Geist i. 18. Jh. Göttingen 1956)
Sommerfeld, Martin: Nicolai und der Sturm und Drang. Halle 1921
Sommerfeld, Martin: Lenz und Goethes *Werther*. Euph. 24/1922, S. 68–107
Staiger, Emil: Goethe, Bd. 1. Zürich u. Freiburg 1952
Storz, Gerhard: Goethe-Vigilien. Stuttgart 1953
Strich, Fritz: Goethe und die Weltliteratur. Bern 1946
Ulrich, Oskar: Charlotte Kestner. Ein Lebensbild. Bielefeld 1921
Viëtor, Karl: Der junge Goethe. Leipzig 1930 (Neu: Bern und München 1950)
Viëtor, Karl: Goethe – Dichtung, Wissenschaft und Weltbild. Bern 1949
Wustmann, Georg: Verbotene Bücher. Aus den Censurakten der Leipziger Bücherkommission. In: Grenzboten 6/1882, S. 264–285. (Zum Verbot des *Werther* in Leipzig, 1774)
Zimmermann, Rolf Christian: Das Weltbild des jungen Goethe, Bd. 2. München 1979

Didaktische Literatur

Abkürzungen:

DU	= Der Deutschunterricht, Beiträge zu einer Praxis und wissenschaftlichen Grundlegung (Klett)
Anr.	= Anregung, Ztschr. für Gymnasialpädagogik
Lit. i. W. u. U.	= Literatur in Wissenschaft und Unterricht
Bl. f. DU	= Blätter für den Deutschunterricht (Diesterweg)

Abels, Kurt: Goethe als Klassiker für die Schule. Lit. i. W. u. U. 1983/1, S. 65–84

Butzlaff, Wolfgang: Die Schlüsselwörter in Goethes *Werther* und *Tasso*. DU 16/1964, H. 1, 95

Finsen, H. C.: Empfindsamkeit als Raum der Alternative. DU 29/1977, H. 4, 27

Ketzler, Lore: Die Sprache des jungen Goethe. Versuch, in einer Unterprima Goethes Entwicklung an seiner Prosasprache zu erhellen. DU 1/1947–49, H. 2/3, 13

Klug, Wolfgang: Gestaltungslinien in Goethes *Die Leiden des jungen Werthers*. Schema einer Schwerpunktinterpretation. Anr. 1985/3, S. 155 ff.

Kreutzer, Leo: Zurück zu Goethe. Kleine Rede über Regression. DU 39/1987, H. 4, 5

Marold, Hartmut: Prometheus und *Werther*. Lit. i. W. u. U. 1983/2, S. 97–108

Ulshöfer, Robert: Gesellschaftskritische Literatur, Beispiel *Werther*. DU 25/1973, H. 4, 5

Weber, Albrecht: Literaturgeschichte und Deutschunterricht. In: Fachdidaktik Deutsch, Hg. Bernhard Sowinski. Köln/Wien 1980, S. 338–345

zu Plenzdorf:

Fröchling, Jürgen: Individuum und Kollektiv – Gegenwärtige Tendenzen in der Literatur der DDR. DU 28/1976, H. 6, 5

Grotzer, Peter: *Die neuen Leiden des jungen W.* Zu Plenzdorfs intertextuellem Experiment als Modell der »Jeans-Prosa«. In: P. Grotzer: Die zweite Geburt. Figuren des Jugendlichen in der Literatur des 20. Jh., Bd. 1. Zürich 1991, S. 147–165

Jauß, Hans Robert: Klassik, wieder modern? DU 30/1978, H. 2, 35

Lucas, Lore: Ulrich Plenzdorf, *Die neuen Leiden des jungen W.* Bl. f. DU 1977/1, S. 1–17

Mix, York-Gothart: ›Verstehen Sie's?‹ ›Nein, nichts …‹: Varianten literarischer Camouflage in U. Plenzdorfs Die neuen Leiden des jungen W., S. Dörings *weilen u. R. Kunzes Sensible Wege*. – In: Ztschr. f. Germanistik. N. F. Jg. 5. Bern 1995. H. 1, S. 48–59

Sevin, Dieter: Textstrategien in DDR-Prosawerken zwischen Bau und Durchbruch der Berliner Mauer. Heidelberg 1994
– Darin: Intendierte Auslegbarkeit in U. Plenzdorfs *Die neuen Leiden des jungen W.* (S. 81–109)

Dramatisierungen, Verfilmungen, Vertonungen

Dramen

J. R. Sinner: Les malheurs de l'amour (1775)

A. F. von Goué: Masuren oder der junge Werther (1775)

La Rivières: Werther ou le délire de l'amour (1778)

1809: Werther-Harlekinade in London

1817: Werther-Parodie mit Gesang in Paris

Oper, Operette, Melodram

J. E. B. Déjaure: Werther et Charlotte (Operette 1792)

E. Souvestre et E. Bourgeois: Charlotte et Werther (Melodram 1864)

Jules Massenet: Werther (Oper 1892)

Filme

»Werther«, Frankreich 1910 (Regie: A. Calmettes)

»Werther«, Frankreich 1938 (Regie: Max Ophüls)

»Begegnung mit Werther«, Deutschland 1949 (Regie: Karlheinz Stroux)

»Die neuen Leiden des jungen W.« (Plenzdorf), Deutschland (DDR) 1975 (Regie: Eberhard Itzenplitz, Titelrolle: Klaus Hoffmann), dazu: Hörspielfassung des Autors

Zeittafel zu Leben und Werk

1772 (Wetzlar – Frankfurt)

27. Mai	Einzeichnung des Rechtspraktikanten lic. Goethe in die Matrikel des Reichskammergerichts in Wetzlar.
9. Juni	Ball in Volpertshausen. Goethe tanzt mit der Tochter des Amtmanns Buff, Charlotte.
Juni–September	Freundschaft zwischen Goethe, Charlotte Buff und Christian Kestner, dem Verlobten Lottes Pindar-Studien; das Gedicht »Der Wandrer«; Beiträge zu den Frankfurter Gelehrten Anzeigen.
10. September	Gespräch mit Lotte und Kestner über die Unsterblichkeit.
11. September	Überraschende Abreise Goethes aus Wetzlar; brieflicher Abschied von Lotte und Kestner.
11.–14. September	Wanderung durch das Lahntal. Aufenthalt bei der Schriftstellerin Sophie La Roche in Thal bei Ehrenbreitstein. Bekanntschaft mit Sophies Tochter Maximiliane.
19. September	Ankunft in Frankfurt.
30. Oktober	Selbstmord Karl Wilhelm Jerusalems in Wetzlar. Kestner schickt Goethe auf dessen Bitte einen ausführlichen Bericht darüber.

1773 (Frankfurt)

Februar/März	2. Fassung des *Götz* (erscheint im Juni im Selbstverlag).
Oktober	*Götter, Helden und Wieland*, dramatische Persiflage auf Wielands Singspiel *Alceste*. Stimmungen des Lebensüberdrusses (»taedium vitae«). Briefwechsel mit den Kestners.

1774

15. Januar	Maximiliane La Roche siedelt nach ihrer Hochzeit mit dem Kaufmann Peter Brentano nach Frankfurt über. Goethe verkehrt im Haus Brentano.
Ende Januar	Eifersuchtsszene zwischen Brentano und Goethe.
1. Februar	Beginn der Arbeit am *Werther*, der im April fertig vorliegt und zur Herbstmesse in Leipzig bei Weygand erscheint.
Frühjahr	Entstehung der Hymne »Ganymed«.
Herbst	Entstehung der Hymne »Prometheus«. Arbeit am *Faust*.

1775 (Frankfurt – Weimar)

Januar	Bekanntschaft mit Lili Schönemann. – Beginn des Briefwechsels mit Auguste Gräfin zu Stolberg. Nicolais Satire *Die Freuden des jungen Werthers*.

14. Mai–22. Juli	Reise in die Schweiz mit den Brüdern Stolberg.
Oktober	Lösung der Verlobung mit Lili.
7. November	Eintreffen in Weimar.
1778	
16. Januar	Das Weimarer Hoffräulein Christiane von Laßberg ertränkt sich in der Ilm nahe Goethes Gartenhaus ›mit dem *Werther* in der Tasche‹.
30. Januar	Aufführung von Goethes Farce »Triumph der Empfindsamkeit« vor dem Weimarer Hof (darin: eine Verspottung des *Werther*).
1782	
November	Beginn der Umarbeitung des *Werther* (Abschluss: August 1786).
1790	*Torquato Tasso* (›ein gesteigerter *Werther*‹).
1808	
2. Oktober	Audienz bei Napoleon auf dem Erfurter Fürstentag; Gespräch über den *Werther*.
1812/13	Rückblick auf die Entstehung des *Werther* in *Dichtung und Wahrheit*.
1816	
September	Besuch der verwitweten Hofrätin Charlotte Kestner, geb. Buff, in Weimar.
1824	Jubiläumsausgabe des *Werther* bei Weygand in Leipzig. Das Gedicht »An Werther«.

Raum für Notizen

Raum für Notizen